事例でわかる

自治体のための 組織で取り組む

ハードクレーム対応

弁護士

著 横山雅文

Yokoyama Masafumi

第一法規

はじめに

　自治体職員の皆さんは、日々、電話、窓口等で住民の要望・苦情に対応されています。そのような対応の中で、近年、各自治体では、常識的に通らない内容の要求や主張を際限なく言い続けたり、ときに罵詈雑言をぶつけるなどして、職員に著しい精神的苦痛を与える住民の存在が大きな問題となっています。

　民間企業では、このような人々をクレーマー、あるいは悪質クレーマーと呼んでいますが、各自治体では、住民に対してクレーマーという言葉を使うのがはばかられるためか、クレーマーとは呼称せず、「不当要求行為者」とか「対応困難者」等と呼称しています。しかし、クレーマーと呼ぼうが、対応困難者と呼ぼうが、実態が変わることはなく、要は社会通念を逸脱する要求をやめようとせず、企業従業員・自治体職員を精神的に疲弊させ、企業の業務・自治体事務に支障をもたらす存在であることに変わりはありません。

　民間企業においても10数年前からこのようなクレーマーに悩まされており、当時、多くの企業が標榜し始めた顧客第一主義（例えば、スローガンとして「お客様が納得、満足するまでとことん対応します」等）との狭間で、各企業は対応に苦慮していました。しかし、ここ数年、このようなクレーマーに対してまで、「お客様が納得、満足するまで」といった対応を続ければ、クレーマーに付け込まれ、従業員が精神的に疲弊し、業務にも多大な支障をもたらす、ということが多くの企業に認識され始め、企業が従業員を守るため、クレーマーに毅然とした対応を取るべきであるという考えが浸透しつつあります。

　一方で、いまだに、クレーマーもお客様であるから納得・満足するまで対応するように従業員を指導している企業もあります。しかし、最近ある大手労働組合が、組合員からクレーマー対応についてのアンケートを取って集計し、その実態を公表したうえ、悪質クレーム対応のマニュアルを策定し、国に対してクレーマー対策を求めたことが、マスコミで報道されました。このようなことからも、クレーマー対策は、従業員保護の観点から必要であることがうかがわれると思います。

ひるがえって、自治体に話を戻すと、自治体でもここ十数年で民間企業と同じような顧客第一主義が急速に浸透し、今では、民間企業よりも顧客第一主義が徹底されている感すらあります。自治体でのクレーム対応の研修やマニュアルにおいて、「傾聴」ということが盛んに強調されるのも、その表れであると思います。

　確かに、住民の要望・苦情に傾聴することは大事ですが、「どのような住民に対しても、その住民が納得・満足するまで」ということであれば問題があります。社会通念を逸脱するような要望（本書ではこのような要望を「ハードクレーム」といいます）をやめようとしない住民に対して、いつまでも「傾聴」し続ければ、対応する職員は精神的に疲弊し、事務に著しい支障をもたらすことになるからです。

　自治体としても組織として職員を守るために、このような住民に対しては毅然とした対応をとるべきなのですが、いまだに多くの自治体が組織的な「ハードクレーム対応」を確立しているとはいえないのが現状であると思います。

　そこで、本書では、「クレーマー」、「不当要求行為者」といわれる人々の心理的な特質を明らかにしたうえで、対応の切り替え（「傾聴」から「事務への支障の回避」へ）の必要性とその判断基準及び具体的な対応の切り替え方法を説明し（第1章から第3章）、事例を基に、トークスクリプト（想定問答）を提示して（第4章）、「ハードクレーム」に対する「毅然とした対応」を、具体的にイメージできるような構成としました。

　また、しかるべき「ハードクレーム対応」を実行していくためには、個々の職員の知識・スキルの向上だけでなく、自治体が組織的に対応することが必要ですので、求められる組織的対応の具体策（第5章、第6章）を提言しています。
　本書をお読みいただき、「ハードクレーム対応」についての考えを深め、実践の参考にしていただければと思います。

2019年12月

横山　雅文

はじめに

第1章　自治体におけるハードクレーム （不当要求行為）

行政対象暴力と不当要求行為

　2001年10月、ごみ処理をめぐる産廃行政に絡み、栃木県鹿沼市の職員が産廃業者から依頼を受けた暴力団員らに拉致され、殺害されるという事件が発生しました。

　この悲惨な事件は、行政組織に対する暴力団などの反社会的勢力による暴力や不当要求、すなわち、行政対象暴力が社会的にも注目されるようになった契機と言われています。しかし、行政組織は、この事件以前から行政対象暴力への対応に苦慮していました。

　かつて暴力団などの反社会的勢力は、企業恐喝や強制執行妨害等によって民間企業から金銭を収奪する、いわゆる民事介入暴力によって不正な利益を得ていました。しかし、暴力団対策法（暴力団員による不当な行為の防止等に関する法律）の施行や民事執行法の改正、民間企業も反社会的勢力の民事介入暴力には毅然とした対応をすべきであるという考えが浸透したことなどによって、反社会的勢力が民事介入暴力により利益を得ることが困難となりました。

　一方、民間企業に比べて自治体などの行政組織は、反社会的勢力による暴力的不当要求に対する組織的対策が不十分であったことや、反社会的勢力に毅然とした対応を取ろうとする意識が必ずしも浸透していなかったことから、民間企業に代わるターゲットとなっていたのです。

　しかしその後、行政組織においても、行政対象暴力に対しては、警察や弁護士会等と連携しながら組織的に毅然とした対応をとらなければならないという意識・理解が広がり、各自治体は、組織的対応のための制度や行政対象暴力対応マニュアルを整備して行政対象暴力に毅然とした対応をとるようになりました。この結果、反社会的勢力による行政対象暴力は今日、ほとんど見られないという状況になっていると思われます。

　ところが、10年ほど前から、反社会的勢力ではなく、一般市民による執拗な不当要求行為が目立ち始めました。今日、行政組織における不当要求は、ほとんどが一般市民によってなされているというのが現状といってよいで

しょう。

　このような一般市民による不当要求行為の特徴は、反社会的勢力による行政対象暴力と違い、暴力や脅迫を手段として要求するのではなく、執拗に独善的な主張を繰り返し、理不尽な要求を認めさせようとして延々と電話をかけ続けたり、窓口に居座り続けるというものです。

　かつての行政対象暴力は、職員が暴力や脅迫にさらされる、あるいは、行政対象暴力に屈して、不正な利益を与えるなどの不当な職務執行をしてしまうということが問題でした。しかし、一般市民による不当要求行為の場合、執拗な要求行為によって自治体の事務に著しい支障をもたらし、対応する職員が精神的に疲弊してしまうということが問題なのです。

　このような不当要求行為を、行政対象暴力に含まれるものとして対応することには、無理があると思います。

　したがって、行政対象暴力とは別に、不当要求行為をとらえるべきでしょう。

顧客主義的行政サービスと不当要求行為

　このような一般市民による不当要求行為が増えた社会的背景には、ここ10数年で行政組織に浸透してきた顧客主義的行政サービスの浸透があります。顧客主義というのは、「私共企業は、お客様が納得・満足されるまで誠心誠意とことん対応します」といったスローガンに現れているように、顧客の納得・満足を第一に顧客対応を心がけるという企業理念です。この民間企業における顧客主義が行政組織、特に自治体に浸透したのです。

　顧客主義的行政サービス、例えば、住民の苦情・クレームに対し、傾聴の姿勢を心がける等、それ自体は、とても大事なことで、素晴らしいことだと思います。

　しかし、これを「どのような人にも」、「いつまでも」貫くとするならば、話は別になってきます。

　詳しくは、第3章で触れますが、不当要求行為をやめようとしない人々と

いうのは、自省心にかけ、自治体職員がどんなに傾聴し、懇切丁寧に説明・説得をしても、また元の理不尽な主張に戻ってしまうのです。このような人々にいつまでも傾聴や説明・説得を続けると、延々と堂々巡りの交渉が続き、事務は支障をきたし、対応する職員は精神的に疲弊していくのです。

民間企業でも、行政組織に先立ち、積極的に顧客主義を標榜していましたが、しばらくして理不尽な要求をやめようとしないクレーマーに悩まされるようになったのです。当初、民間企業は、「お客様からのクレームは、商品やサービスの改善に繋がる企業にとって重要な財産である」といった考えから、クレーマーに対しても納得・満足するまで対応する傾向がありました。しかし、クレーマーに対してこのような顧客主義で対応しても、商品やサービスの改善につながることはなく、かえって、自社の従業員を疲弊させ、やる気を失わせ、顧客に対するサービスが低下していくことが理解され始めたのです。

この時期（2007〜2008年頃）、クレーマー対応に関する書籍が次々に出版され、ベストセラー（例えば『となりのクレーマー』中公新書ラクレ刊）となっていました。

そして、ここ数年、民間企業では、クレーマーに対してまでも顧客主義で対応することを従業員に求めることは、クレーマーからの従業員に対するハラスメント（カスタマーハラスメント）を容認することであり、企業は従業員を守るため、クレーマーに対しては、毅然とした対応をとるべきであるという考えが、主流になっています。

以上の経過からわかるようにクレーマー・不当要求行為者の増加は、顧客主義、顧客主義的行政サービスと表裏一体なのです。

自治体における不当要求対策

ひるがえって、行政組織は、一般市民による不当要求行為に対し、どのように対応してきたでしょうか。

この問題にいち早く取り組んだ自治体が神戸市であり、2007年に「神戸市

政の透明化の推進及び公正な職務執行の確保に関する条例（コンプライアンス条例）」を施行して、その第2条（6）で不当要求行為を定義したうえ、第6条3項で、不当要求行為が行われた場合、市職員は、「市民に信頼される公正で公平な職務の執行及び職員の安全の確保を図るため、複数の職員等により組織的に毅然とした態度で対応しなければならない」と規定しました。

　神戸市では、同条例により、市民や法人・団体などから市職員に寄せられる要望、提言、意見、苦情、依頼などは、不当要求も含めてすべて記録するようになり、この記録によって、相当件数の不当要求行為が発生している事実が明らかとなりました。

　そして、蓄積された不当要求事例をもとに、具体的事例も用いた実践的な「不当要求・クレーム対応マニュアル」を作成し、2009年4月から運用を開始しています。

　その後、条例、要綱等で不当要求行為を定義したうえ、不当要求行為に対する対応について規定し、不当要求行為に対する対応マニュアルを作成する自治体も次第に増えてきましたが、現状ではいまだに多くの自治体が、このような対策をとるに至っていないといえるでしょう。

各自治体における不当要求行為の定義

　自治体における組織的不当要求対策の第一歩は、不当要求行為とは何か、すなわち、不当要求行為の定義から始まります。

　この点、いち早く不当要求対策に取り組み始めた神戸市の条例は、次のように定義しています。

『神戸市政の透明化の推進及び公正な職務執行の確保に関する条例（コンプライアンス条例）』

第2条（6）不当要求行為　次に掲げるものをいう。
　ア　正当な理由なく次に掲げることを求める行為

（ア）特定のものに対して著しく有利な又は不利な取扱いをすること。

（イ）特定のものに対して義務のないことを行わせ、又はその権利の行使を妨げること。

（ウ）職務上知ることのできた秘密を漏らすこと。

（エ）執行すべき職務を行わないこと。

（オ）（ア）から（エ）までに掲げるもののほか、法令等に違反すること又は職員等の職務に係る倫理に反することを行うこと。

イ　職員等の公正な職務の執行を妨げることが明白である要望等をする行為

ウ　暴力又は乱暴な言動その他の社会的相当性を逸脱する手段により要望等をする行為

アは、要望内容が不当であるもの、イ、ウは、要望の手段が不当であるものと分類できます。法令による定義としては、性質上、網羅的かつ一義的な記載にならざるを得ませんが、私は、行政組織に対する不当要求行為の本質・核心は、ウに規定されている「社会的相当性を逸脱する手段により要望等をする行為」にあると考えています。

近年、自治体を悩ませている不当要求行為の多くは、不当な内容の要望を脅迫や暴力によって実現しようとするものではなく、要望内容は一概に不当とまではいえないが、社会常識に照らして実現困難であったり、独善的・自己中心的な要望を実現しようとして、執拗に電話やメール、書面、長時間にわたる面談等によって要望し続けるというものです。

したがって、不当要求行為をイメージしやすく端的に表現すれば、「内容及び手段が社会的相当性（社会的常識、社会通念）を逸脱する要求」となると思います。そこで、本書では、この「内容及び手段が社会的相当性を逸脱する要求」を「ハードクレーム」と呼ぼうと思います。

ちなみに旭川市が作成した「旭川市職員のための暴力、乱暴な言動等の不当要求行為（ハードクレーム）対応マニュアル」では、「旭川市政における公正な職務の執行の確保等に関する条例」（コンプライアンス条例）に規定される不当要求行為のうち、特に「暴力、乱暴な言動その他の社会的常識を

逸脱した手段により要求の実現を図る行為」を「ハードクレーム」として、対応方法等を整理しています。

　また、労働組合の UA ゼンセン流通部門が作成した**「悪質クレームの定義とその対応に関するガイドライン」**では、悪質クレームを「**要求内容、又は、要求態度が社会通念に照らして著しく不相当であるクレーム**」と定義しており、民間企業における悪質クレームの定義ですが、イメージしやすく端的に表現していると思います。

第2章　ハードクレーム対応の考え方
―適切な初期対応とは？―

自治体職員は本質的に不当要求を受けやすい

　第 1 章で指摘したように、各自治体では、近時、暴力こそ振るわないものの執拗に不当要求行為を繰り返し、事務に支障を与える住民の対応に苦慮することが多くなっています。

　住民に対する傾聴、丁寧・親切な対応を掲げる各自治体において、このような住民に対してどのように対応すればよいのか悩む職員の方は多いと思います。

　しかし、そもそも、自治体窓口などの行政サービスを担われる自治体職員の方々は、本質的に不当要求を受けやすいのです。

　これは、自治体におけるサービスには「対価性」がないということと自治体職員は公共の奉仕者としてイメージされていることに起因しています。

　企業が提供する商品・サービスでは、千円とか、5 千円とかの価額がついています。ところが、自治体のサービスは、ほとんどの場合、価額がついていません。各種証明書を発行する場合、手数料が必要ですが、これは証明書発行の対価ではなく、あくまで手数料であって、対価的な関連はありません。すなわち自治体のサービスには「対価性」がないのです。

　「対価性」がないとどうなるか。要求する側も無意識ですが、「千円払った商品なら千円分のクレーム」といった対価による（心理的な）リミッターが働かず、要求が無限定となりがちになるのです。要求が無限定とは、時間無制限、費用度外視の要求ということです。

　そして、自治体職員の方々は、住民から公共の奉仕者というイメージで見られています。「公共の奉仕者なんだから、時間無制限に住民である自分に奉仕しろ」となるということです。

　このように自治体職員は、民間企業の従業員よりも、本質的に不当要求を受けやすいため、民間企業よりも要求に対して限界設定が必要です。すなわち、住民から社会常識を逸脱する要望・要求を受けたときに、その案件を終了する時間的なリミットセッティングをする必要があります。

ハードクレーマーの隠れた目的は精神的自己満足

　ハードクレーマーは、社会的相当性を逸脱する要求をするにあたり、往々にして、独善的な思い込みのもとに、自己中心的な極端な価値観に固執し、我田引水的な論理を展開します。そして、「自治体の職員は、住民である自分の要求にはすべて応えるべきである」と思っています。

　実は、ハードクレーマーは、自身の社会生活において強い不満を持っており、時に病的な挫折感、孤独感を抱えているのです。

　このような心理的背景を持つために、無理・理不尽な要求でも、あたかもそれを当然のことのように要求しますし、自治体職員の合理的な説明・説得には耳を貸そうとしません。そして、自身の不当要求、あるいは、自治体事務に支障を与えるような声高な罵詈雑言、自治体職員に対する脅迫的物言い等の問題行動について、謝罪することなく、良心の呵責も感じていません。

　要するにハードクレーマーの行動に合理性はないのです。そして、行動の本当の（内心の）目的は、実は、個々の具体的な不当要求の実現そのものにあるのではなく、自分が有能であることを周囲の人々が認めていないという有能感の確認不全や社会的不満、孤独感、挫折感の解消にあることが多いのです。

　すなわち、自治体職員に対して、独善的で社会常識を逸脱するような要求をぶつける。上席者との交渉を要求する。自分の考えていることを上席者に大上段で演説して聞かせる。自分に対して特別な配慮、対応をさせる。そういうことで、自身の日常生活で満たされない有能感を得ようとしているということです。

　ハードクレーマーは、このような自分の精神的自己満足を得るために、際限なく不当要求を継続し、繰り返しているのです。

ハードクレーマーに代替案の提案をしても受け入れない

　ハードクレーマーはこのような目的から不当要求行為を続けているので、職員の方々が提示する代替案、例えば、「○○はできないのですが、□□であれば可能ですので、こちらでご了承いただけないでしょうか」という提案は受け入れません。なぜかというと、ハードクレーマーは常に、「自分の思い通りに」ということに執着するからです。自分の思い通りの解決でなければ、有能感を感じられないのです。

　ですから、よく、クレーム対応の本には、「受け入れられない要求をされた場合は、可能な代替案を提案しましょう」などと書かれていますが、ハードクレーマーに代替案を提案してもほとんどの場合、「元の要求どおり実現しろ」という出だしに戻ってしまいます。

　そして、要求を拒絶しながらも、交渉を打ち切らずに続けると、連日の長時間の迷惑電話や窓口における居座りが常態化し、自治体事務に著しい支障をもたらすようになります。

　このことを理解することが、重要です。

行政組織は公共財　ー公平にすべての住民に利用されるべきー

　すべての住民のクレームに対して、納得・満足するまで説明すべきだとして、このようなハードクレーマーの精神的自己満足のために自治体窓口が長時間にわたり独占される、あるいは、機能不全となってよいのかということを考えるべきです。

　行政組織というのは、公平にすべての住民のために利用されるべき、公共財です。そのような公共財を一部のハードクレーマーの自己満足のために独占されたり、機能不全に陥らせてはならないのです。

　ですから、ハードクレーマーに対しては、「毅然と対応して交渉を打ち切ってもよい」というよりも、「毅然と対応して交渉を打ち切らなければな

らない」と考えるべきなのです。

適切な初期対応とは？　—初期対応の重要性—

　ただ、このようなハードクレーマーによる不当要求をできるだけ、少なくするために、まず、入り口において適切な初期対応をとることも重要です。

　ハードクレーマーは前述のように、有能感の確認不全や社会的な不満を抱えていることから、自治体職員の紋切り型の対応、いわゆる「お役所的な対応」を契機として、態度を硬化させ、ハードクレームに発展するということがよくあります。

　私は、適切な初期対応とは、丁寧な説明・説得と率直な回答を繰り返すということであると考えています。

適切な初期対応①　丁寧な説明・説得を心がける

　まず、社会的相当性を逸脱するような無理難題な要求に対してでも、お断りするときには、丁寧な説明・説得をするということです。

　「丁寧な」というのは、知識・理解力のレベルに応じた説明・説得を心がけるということです。

　問題となっている事案について、制度や関連法規に精通している人物であれば別ですが、一般的には、専門的な行政・法律用語を使っての説明・説得は極力避けるべきです。

　自治体職員と住民の間には、当該事案の問題点に関する知識・理解力に差があることが多いと思います。職員としては、常識的な知識・用語・ロジックであっても、住民にとっては、それを理解できない場合があり、それに気づくことなく説明を続けると、「自分が理解できない言葉を使って煙に巻こうとしている」と感じて不満をためていくということは、よくあるのです。

適切な初期対応②　住民がおかれた状況・事情に配慮を示す

　そして、自治体職員として説明・説得をするにあたっては、自分たち組織

の合理性、たとえば、「規則では、○○がなければ、□□はできません」と
いきなり条例・規則の規定を持ち出すのではなく、住民の主張にも感情的な
配慮を示す必要があります。

　「○○という事情があるのですか。しかし、申し訳ありませんが、規則で
は、□□の理由からお申し出をお受けすることはできないことになっている
んです」とおかれた状況・事情に配慮を示し、条例・規則があるからという
だけでなく、条例・規則が定められた理由を簡単に説明したうえで、要求を
お断りするのです。

　ハードクレーマーの主張は、往々にして誤りも多く、非論理的で自己中心
的ですが、全く合理性がないというものでもありません。

　例えば、「あの職員を懲戒しろ」と要求されても、一刀両断に「懲戒は組
織の判断で行います」とはねつけるのではなく、「お怒りは、私も理解でき
るのですが…」「お気持ちは良く分かりますが…」として、理解できるとい
う姿勢を見せることが大事です。

適切な初期対応③　逃げずに率直に回答する

　次に、たとえ不当な要求であっても、話をそらして逃げる回答をするので
はなく、率直に回答すべきです。

　例えば、「自分の質問・要求に対する回答はすべて文書にしろ」と言われ
たときに、耳ざわりのいいような一般的な言い回しで逃げるような回答、
「住民の方からのご質問・ご要望に対しては、十分配慮してまいります」な
どと答えるのではなく、率直に「誠に申し訳ないですけれども、いただいた
ご質問、ご要望に対してすべて書面で回答することをお約束することは致し
かねます。と申しますのは、…」と率直に回答したうえで、その理由を説明
します。

　往々にして、強硬な態度で要求をされたときに、「そのままお断りしたら、
ここで紛糾してしまうのではないか」という懸念から、耳ざわりのいい言葉
で、逃げようとしがちになります。しかし、そういう回答をすることで、か
えって「クレーマーのスイッチを入れる」ことになるのです。

　どういうことかというと、「俺の要求に真正面から答えていないじゃない

か」という反発を感じさせてしまうのです。「俺の話を聞いていないじゃないか」「まともに答えようとしていないじゃないか」となり、これが怒りに火をつける原因となります。

「逃げる回答」、これがかえって事態を紛糾させるということに繋がります。

ここでいう「率直な回答」というのは、要求の核心に応える回答をするということです。実際は、率直な回答をして、それによる紛糾をおそれないほうが、かえって交渉をうまく収めることができるのです。

適切な初期対応④　説明・説得を繰り返す

そして、説明・説得を繰り返すということです。

昨今の状況かと思うのですが、我々弁護士の仕事でも、自分の依頼者に対して説明・説得をするという機会において、なかなか1回、2回の説明・説得では理解してもらえなくなりました。

昨今の状況というのは、顧客主義的対応が一般化しているため、民間企業ではお客様、弁護士では依頼者、病院では患者、自治体では住民、そういう立場になると、少々無理難題な要求をしても、「○○さん、それはちょっと通らないですよ」とか、「それはちょっと筋が違うのではないですか」と指摘される経験が非常に少なくなっています。無理難題な要求をしても、それを正面から指摘された、反論されたという経験が少なくなってきているのです。

そうすると「自分の要求は常に正しい」、「批判を受けるいわれなどない」という独善的な意識が強くなる人々が出てきます。その結果、合理的な説明・説得を丁寧に行っても、1回、2回の説明・説得では理解してもらえないということになるのです。

ですから、繰り返し、繰り返し、説明・説得をする必要があるのです。何度も同じ説明・説得をさせられて不快に感ずるかもしれませんが、ここでイライラしてはいけません。このようなイライラの感情は相手に必ず伝わりますし、自身の精神衛生上もよくありません。

無理難題な要求をする人々に対しては、10回位は説明・説得を繰り返す必

15

要があると思って、説明・説得に入った方がよいのです。

適切な初期対応⑤　説明・説得は 1 時間が限度

　ただし、説明・説得を繰り返すといっても限度があります。というのは、すでに述べたとおり、自治体職員の方々は民間企業の従業員よりも本質的に無限定な要求を受けがちですから、限界設定をする必要があります。1 回の交渉で概ね 1 時間が限度と考えてください。

　第 3 章で述べますが、特にハードクレーマーの場合、自省心に欠けているため、自治体職員の方々が説明・説得を尽くしても、その説明・説得に歩み寄ってくることはなく、また元の理不尽な要求に戻るという堂々巡りの交渉になるのです。

　1 時間、説明・説得を尽くしても、納得も諦めもしてくれない人（ハードクレーマー）は、その後、2 時間、3 時間と説明を繰り返しても、決して納得も諦めもしてくれません。

　また、説明・説得を何度も繰り返すときの心の持ちようなのですが、「話せば分かる」という観点から、納得してもらおうと思って説明・説得を繰り返すと、疲弊してしまいます。そうではなくて、「諦めてもらう」という観点から説明・説得を繰り返すほうが、実際はうまくいきます。

　もちろん、こちらが説明・説得していることが正しいということが前提ですが、正しいことを説明・説得した上で、無理難題な要求をやめてもらうということですから、「諦めてもらう」でよいのです。「俺は納得できないけど、そういう考え方もあるのか」「まあ、仕方ないのか」と、思ってもらうということです。それで説明・説得は成功です。

適切な初期対応⑥　傾聴しすぎず、少し押し返す

　そして、傾聴しすぎないということも大事です。無理難題な要求については、できませんと率直に答える。できないものはできないと言う。そこで少し紛糾したとしても、率直に回答した結果の紛糾は避けない、ということが実は大事なのです。延々と言い分だけを聞いているのは、決してよくありません。

　なぜかというと、聞きすぎることによって、無理難題な要求をやめようとしない人のペースになってしまい、延々と無理難題な要求を、披歴し続けさせるということになります。

　そのため、少し押し返すということが必要なのです。

　話が長くなってきた時点で、「すみません〇〇さん、お待ちください。今おっしゃられたことは、…だから、〇〇をしなさいということですね」と確認して、「やはり我々としては、××の理由から、〇〇のご要望には応ずることはできません」と答えます。聞きっぱなしではなく、少し押し返すことも必要ということです。

　このようなやり取りを繰り返すことによって、最初は無理難題なことを言っていた人も次第に穏当になっていきます。

　このように適切な初期対応をすることによって、無理難題な要求をする人との交渉を収めていくのです。

ハードクレーマーに対する対応の切替え

　このような適切な初期対応をしたにもかかわらず、不当要求を止めようとしないハードクレーマーに対して、いつまでも通常の住民に対するような対応、いわゆる顧客主義的な対応（住民が納得・満足するまでの対応）を続けてはいけません。そのような対応を続ければ、必ず交渉は長期化します。

　ハードクレーマーとなっている住民に対しては、通常の住民に対する対応ではなく、法的な対応をとらなければなりません。

ハードクレーマーに対する法的対応

　ここにいう法的な対応とは、「ハードクレーマーの言動を、自治体事務に支障を与える不当要求行為と評価し、それを回避するための必要な措置を躊躇なく取ること」です。

17

　具体的に言えば、職員が適切な初期対応をし、説明・説得を尽くしているのに、納得できないとして、毎日のように長電話を掛けてくる、あるいは、来庁して、窓口に長時間居座って帰ろうとしないというような場合、これ以上は自治体事務に支障をきたす不当要求行為と判断して、電話を切る、交渉を打ち切る、あるいは、庁舎から退去してもらう、という対応を取ることです。

　不当要求行為が執拗で長期にわたってしまう原因は、明らかに不当要求となっており、自治体事務に支障をきたしているにもかかわらず、対応する職員が「住民からの要望だから、窓口をシャットアウトしてはいけないのではないか」という考えにとらわれ、いつまでも不当要求行為者との交渉を継続してしまうことにもあるのです。

　客観的に見れば、そのような状況は、ハードクレーマーからの自治体事務に対する妨害行為を甘受しているということに他なりません。

　妨害行為を受ければ、それを回避する措置をとるのは当たり前のことです。妨害行為を回避する措置といっても何も難しいことではありません。ハードクレーマーからの迷惑電話を切る、居座りには退去を促す、端的に言えば、交渉を打ち切るということなのです。

　ハードクレーム対応の核心は、ハードクレーマーとの交渉を長期化させないことにあるのです。

適切な謝罪とは？　─執拗な謝罪要求への対応─

　ハードクレーマーと対応していると、ときに執拗な謝罪要求を受ける場合があります。

　「説明が間違っていた」「対応が失礼である」「いろいろな部署をたらいまわしにされた」として、担当職員の口頭の謝罪だけでは納得せず、所属長や場合によっては、自治体の首長の謝罪文を要求することもあります。

適切な謝罪とは？① 　軽微な間違いや説明不足は、速やかに謝罪する

　このような場合、謝罪要求の対象が「説明が間違っていた」「対応が失礼である」「いろいろな部署をたらいまわしにされた」という程度のものであれば、速やかに謝罪するのがよいと思います。この時の謝罪というのは、こちらの過失を認めるというよりも、「説明が足りず誤解を与えてしまい」「不愉快な気分にさせてしまい」申し訳ありませんということですので、謝罪をしたらこちらの非を認めたことになるなどと考えて、謝罪はすべきでないなどと硬直的に考えてはいけません。

　また、事実、説明が間違っていた、例えば、必要書類について誤った説明をしてしまったというような場合も、率直に謝罪すべきです。ともすれば、自分の間違いを認めると後々、延々と執拗に追及されるのではないかと考え、言い逃れやごまかした説明をすることがありますが、これは、却ってハードクレーマーの怒りに火をつけます。大方の過誤説明は、謝って済むことなのですから、このような場合の謝罪を躊躇してはいけません。

　問題は、すでにしかるべき謝罪をしているのに、それでは足りないとして、執拗に、所属長や首長の謝罪文を求めてくる場合です。

適切な謝罪とは？② 　「謝罪の原則」ミスに相応した謝罪で足りる

　このような執拗な謝罪要求を受けたときに、どう対応すべきでしょうか。

　民間企業でも同じですが、自治体など組織として謝罪する場合には、原則があります。それは、謝罪は、ミスに相応した謝罪で足りるということです。逆に言えば、謝罪を要求している人が、納得・満足するまでの謝罪ではない、ということです。

　ミスに相応したというのは、誰が（担当職員か、所属長か）、どのようにして（口頭か、書面か）、ということです。

　既に述べたとおり、ハードクレーマーは有能感の確認など、自身の精神的自己満足のために不当要求を繰り返します。このため、担当職員が既に口頭で相応の謝罪をしていても、「それでは謝罪にならない」などと言って、所属長の謝罪や謝罪文の提出を求めたりするのです。

　この時に、ハードクレーマーが納得・満足するまでの謝罪ということになれば、所属長や首長の謝罪文、あるいは担当職員の土下座などという過剰・不適切な謝罪ということになってしまいます。ハードクレーマーに「そのような謝罪では納得できない」と言われたとしても、そもそも納得するか否かは、その人の主観的な問題ですから、際限がないのです。

　ですから、担当職員が口頭で謝罪し、すでにミスに相応した謝罪がなされているのであれば、それ以上の謝罪要求をされても、「すでに相応の謝罪をしておりますので、これ以上の謝罪のご要望はお受けできません」ときっぱりとお断りするべきです。

適切な謝罪とは？③　謝罪文作成の際の注意点

　そのミスが、口頭の謝罪で済まないような重大な場合、例えば、書類の紛失等によって住民に損害を与えてしまった場合のように、重大なミスで、かつ先方もこちらのミスについて、事実確認と謝罪を書面で求めてきているような場合は、書面で謝罪することもやむを得ないと思います。

　このような場合に、謝罪文を作成する際の注意点としては、先方の要求する文案で謝罪文を作成してはいけないということです。

　ハードクレーマーは、自身の有能感の確認のために謝罪文を要求するので、その内容も「自分の思い通りの」ということに固執します。したがって、往々にしてこちらが作成した謝罪文に難癖をつけ、訂正を求めたり、あるいは、自身で文案を作成して、「これに所属長の署名捺印をしろ」などと求めてきたりします。

　このような謝罪文の内容は、往々にして、書かれている内容が事実と違っていたり、不適当な表現による謝罪となっていたりします。このようなやり取りを繰り返して、謝罪文案について延々と交渉が続いたり、不適切な謝罪文となったりしますので注意が必要です。

　謝罪文の作成名義人は、あくまで自治体の当該部署なのですから、明らかな誤りがある場合を除いて、文面を先方の求めに応じて作成してはならないのです。

　また、謝罪文は組織として出すものですから、決して個人的に作成してはいけません。

　ハードクレーマーから「あんた個人が非を認めて、一筆書いてくれればいいよ」などと言われて、職員個人が謝罪文を書いてしまうことがありますが、このような謝罪文は、後日、悪用されたり、不必要な紛争の原因となります。「職員個人としての謝罪文を書くことは禁じられていますので、お断りします」と言って、はっきりと断る必要があります。

ハードクレーマーに対しては、考え方と対応を切り替える

　顧客主義的な行政サービスという意識が各自治体に浸透した今日、多くの自治体職員の方々は、ハードクレーマーに対しても、なお顧客主義的な対応を心がけようとする意識が強く、このような意識からハードクレーマーに対して客観的な判断に基づく毅然とした対応をとることを抑制しがちです。

　しかし、ハードクレーマーに対しては、法的な対応を取って交渉を打ち切らなければ、自治体職員は精神的に徐々に疲弊し、やがて日常の職務に対する気力を失っていきます。

　ハードクレーマーに対しては、法的な対応に切り替えてよい、対応を区別してよいと考えることで、ハードクレーマーに感じさせられた違和感や苦痛を、日常の職務に及ぼさないようにすることができるのです。

　人は、誰かに嫌な思いをさせられると、その対象者を一般化して認識する傾向があります。自治体窓口を訪れる住民のほとんどは善良な市民であり、ハードクレーマーとなるのはほんの一握りの人々です。しかし、この一握りのハードクレーマーに嫌な思いをさせられると、「文句を言ってくる住民は厄介だな」と思うようになり、やがて、「住民対応なんか、まともにやっちゃいられないな」と思うようになってしまうのです。

　このようにならないためには、「残念ながら自治体窓口に来る住民の中には、少ないけれども、ハードクレーマーとみるべき人々は現に存在する。し

かし、そういう人々に対しては、対応を切り替えていいんだ。」と考えることが必要なのです。

ハードクレーマーは、自治体職員の能力を低下させる

しかも、ハードクレーマーと長期間交渉を続けると、職員の能力、主として判断能力が低下します。

これはどうしてかというと、職員はハードクレーマーに対して、一種の嫌悪感、場合によっては、恐怖感を持ちます。「どうしてこの人、こんな当たり前の理屈をわかってくれないのだろう」「いい加減、こういった理不尽な要求はやめてもらえないだろうか」「いったい何を考えているんだろう。この人は」といった気持ちです。

人間というのは、そういった嫌悪感なり、恐怖感を抱いている相手と、長期にわたって交渉すると、その嫌悪感なり、恐怖感を打ち消すために精神的なエネルギーの大部分が使われてしまうので、判断に必要なエネルギーが残っていない状態に陥ります。ハードクレーマーと長期にわたって交渉すると、職員の判断能力が落ちてくるわけです。

その結果どうなるのかというと、やらなくてもいいことをやってしまう。あるいは、やってはいけないことをやってしまう、ことになります。

判断能力を失い、念書・誓約書を書かされた事例

ある特殊法人の地域事務所の所長が、その事務所では有名なクレーマーの自宅に呼びつけられたことがありました。

どういう事実経緯かというと、その事務所の駐車場に障害者用の駐車スペースがあるのですが、その障害者用の駐車スペースに、そのクレーマーが駐車しようとしたときに、うまく駐車できなくて、バンパーを壁にぶつけてしまい、怒鳴り込んできたのです。

「おまえのところの駐車場は駄目だ。障害者用の駐車場としては、あんなのはけしからん、直ちに作り直せ。壊れたバンパーの修理代を出せ」と要求したうえ、「今日、これから自分は仕事があるから、仕事終わりの夜8時に自宅に来い」と呼びつけたのです。

冷静に考えれば、当日、勤務時間外の夜間に、その人の自宅に行かなければならない緊急性、必要性はないのですが、その所長ともう一人の職員は、その人の自宅に行きました。

所長たちは、自宅で、そのクレーマーからさんざん説教をされて、「おまえら、2人じゃ役不足だ。証人が足らん。（すでに帰宅した）職員をあと2、3人呼べ」と言われ、その所長は帰宅している職員たちに電話をかけて、そのクレーマーの自宅まで来てもらい、5人そろって、ずっと説教を受け続け、解放されたのが翌日の午前3時でした。

その過程で所長たちは、「駐車場における自動車の損壊については、誠意を持って我々は賠償いたします」という念書を書かされてしまったのです。そして、そのクレーマーが言い続けている不当要求についても、「その他、○○様のご要望には誠意を持って検討させていただきます」というような誓約書を書かされたのです。

ずいぶん気の弱い人々だと思われるかもしれませんが、人間というのは、同じ環境に置かれれば、同じような行動をとるものです。クレーマーから、さんざん延々と説教を受け、明け方の3時まで叱責されて判断能力を失い、念書、誓約書を書かされてしまったのです。

ハードクレーマーに対して、やらなくてもいいこと、やってはいけないことをやってしまったのですが、これはハードクレーマーと長時間にわたって渡り合うことによって、判断能力がなくなってしまった事例です。

ハードクレーマーとの長時間の交渉は避けるべき

このように理不尽な要求をする人々、社会的相当性を逸脱するような要求をする人々の話を延々と聞き続けるということは、自治体職員にとって、大

変にリスキーであるということです。

　全く心がフラットな状態で、彼らの理不尽な要求を長時間にわたって聞き続けることができる人というのは、恐らくいないのではないでしょうか。その過程で必ず我々は、彼らに対して嫌悪感なり恐怖感を抱きます。そして、それらの嫌悪感なり恐怖感を打ち消そうとします。その過程で精神的に疲弊してしまい、判断ミスをすることになるのです。

　ですから、ハードクレーマーとの長期にわたる交渉は、避けなければならないのです。単に精神的に疲弊するというだけではなく、自治体職員の能力が低下し、その結果、自治体事務に支障をきたし、混乱することになります。

「法的な対応」への切り替えの判断基準

　それでは、「法的な対応」に切り替える判断は、どのような観点・基準で行えばよいのでしょうか。

　それは、

（1）自治体職員として適切な初期対応を行い、説明責任を果たしているか

（2）自治体の事務に支障（自身の精神状態を含めて）をきたしているか

という 2 点で判断すればよいでしょう。

　ほとんどの場合、法的な対応に切り替えるという結論になるはずです。

　「交渉を打ち切ると、嫌がらせがエスカレートするのではないか」とか、「もう数ヶ月も交渉してきたのだから、あきらめるだろう」というような思惑で判断することは避けるべきです。このような思惑で判断すると、往々にして交渉を打ち切ることができず、結果としてハードクレーマーによる不当要求が長期化してしまうのです。

不当要求をしてきた住民を
ハードクレーマーにしないために

―自治体職員がとるべき適切な初期対応6か条―

❶ 丁寧な説明・説得を心がける

相手の知識・理解力のレベルに応じた丁寧な説明・説得を心がける

❷ 住民がおかれた状況・事情に感情的な配慮を示す

いきなり条例・規則の規定等を持ち出すのではなく、住民の主張に感情的な配慮を示す

❸ 逃げずに率直に回答する

一般的な言い回しに逃げることなく、率直に要求の核心に応える回答をする

❹ 説明・説得を繰り返す

10回位は説明・説得を繰り返す必要があると思って、説明・説得に入る

❺ 説明・説得は1時間が限度

不当要求は「諦めてもらう」観点で、1時間を限度に、説明・説得を繰り返す

❻ 傾聴しすぎず、少し押し返す

延々と聞きっぱなしにならず（傾聴しすぎず）、少し押し返すことも必要

執拗な謝罪要求があった場合の対応

―エスカレートさせない適切な謝罪とは？ ―

①　軽微な間違いや説明不足は、速やかに謝罪する

・大方の誤りや説明不足は謝って済むこと。このような場合、謝罪を躊躇しない

　→こちらの非を認めたことになるので、謝罪すべきでないと硬直的に考えない

②　「謝罪の原則」は、ミスに相応した謝罪であること

・謝罪を要求している人が、納得・満足するまでの謝罪ではない

　→そもそも納得するか否かは、その人の主観的な問題であり、際限がない

③　謝罪文作成の場合は、こちらで文案を作成すること

・重大なミス等で謝罪文を作成する場合、先方の要求に沿って、謝罪文を作成してはいけない

　→謝罪文案について、延々と交渉が続いたり、不適切な謝罪文になりがち

④　職員個人が謝罪文を作成することは厳禁。はっきりと断る

・謝罪文の作成名義人は、あくまで自治体の当該部署

　→職員個人が謝罪文を書いてしまうと、後日、悪用されたり、不必要な紛争の原因となる

第3章　ハードクレーム対応の基本

―ハードクレーマーの特質と交渉の打ち切り方―

ハードクレーマーの特質

　具体的なハードクレーム対応においては、ハードクレーマーの特質を理解することが重要です。

　特質としては2点指摘できます。1つ目は「攻撃性」。2つ目が「執拗性」です。

ハードクレーマーの特質①「攻撃性」

　まず、攻撃性ですが、社会的相当性を逸脱する要求でお断りしているものの、住民からの要求なので、話だけは聞き続けようという対応をした場合、それでハードクレーマーが納得することはありません。逆に長期にわたって交渉をしても、自分の主張・要求が通らないことから怒りのボルテージを上げ、対応する職員に攻撃を仕掛けてきます。

　ここでの攻撃とは、職員に対する誹謗中傷的な告発を、自治体の上層部に対して行うことや、最近ではネット上の誹謗中傷などのような職員に対する個人攻撃などです。

　そして、特に行政組織におけるハードクレーマーの攻撃で注意すべきことは、刃物による殺傷行為や放火など、重大な犯罪行為が行われる場合があるということです。

　この点については、第5章で詳しく触れたいと思います。

ハードクレーマーの特質②「執拗性」

　次に、執拗性、要するにしつこいということですが、しつこいというのは、2つの側面があります。

　1つは、彼らの不当要求を受け、これに対して自治体職員が説明・説得を

すると、その話合いの中で、彼らは非常に頑迷固陋<ruby>頑迷<rt>がんめい</rt></ruby><ruby>固陋<rt>ころう</rt></ruby>だということです。

　自治体職員の説明・説得を一向に理解しようとせず、また、元の理不尽な要求に戻ってしまう。それが繰り返されるということです。

　「申し訳ないですけれども、お申出の苦情については、私人間の契約内容に関することですので、我々としては対応することができないのです」と言っても納得せず、「これこそまさに行政が介入すべき問題である」といって譲らない。何度も連絡してきて、「あの職員の物言いには不服がある」「公務員としての職責を果たす意思がない。責任者の意見を聞きたい」と言って、別の職員をつかまえて、延々とクレームを言う、というようなしつこさです。

　2つ目は、諦めの悪さです。「それはできません」と言っても諦めないで、延々と「できるはずだ。もう一回自分の話を聞け」と言い続けるというしつこさです。

ハードクレーマーとの交渉は堂々巡り

　ハードクレーマーとの交渉で特徴的なことは、一言で言うと堂々巡りであるということです。説得している職員は、一生懸命説得して理解してもらおうと思っているので、客観的に交渉内容を把握することは難しいと思いますが、第三者的な立場でハードクレーマーに対応する職員の交渉を見ていると、無益な交渉を延々と続けています。

交渉が堂々巡りとなる3つの原因

　では、なぜ、堂々巡りになるのでしょうか。堂々巡りになる原因は3つあります。

堂々巡りの原因①　事実認識の誤りを認めない

　1つ目は、ハードクレーマーの要求の前提となる彼らの事実認識が間違っている、思い違いをしているということです。

　例えば、「においの発生原因は絶対にあの事業所である」と主張しているが、その事業所で何回臭気調査をしても、基準値を超えるような臭気は検知されない。事実認識が間違っている合理的理由が示されているのにもかかわらず、「絶対あの事業所だ」と言い張って、自分の事実認識の誤りを認めようとしません。

堂々巡りの原因②　要求する論理に飛躍がある

　2つ目は、自分の要求に結びつける論理に飛躍があるということです。よく見られるのが抽象的な権利と、自分の社会常識を逸脱するような具体的な要求を結びつけるという事例です。

　例えば、「良好な環境で生活する権利が我々にあるのだから、自分たちの要望に従い、市は事業者に対して工場の操業停止を強く指導しなければいけない」等々と要求し続けます。具体的な要求を受け入れるべきか否かは、個別の検討を要するのであって、環境権という抽象的な権利から、具体的な問題が判断できるわけではありません。しかし、そういった抽象的な権利を盾に、自分の社会常識を逸脱するような要求に無理やり結びつけるのです。論理に飛躍があるということです。

　このような場合、「確かに環境権というのは、尊重に値する非常に重要な権利だとは思いますが、今回の具体的な○○さんの要望について、それを我々が受け入れるべきか否かということは、また別の問題です」とはっきり言って、押し返すことが必要です。

堂々巡りの原因③　価値観が独善的

　3つ目は、極端に自己中心的な価値観から要求をしているということです。例えば、「ああいった事業者、あれは存在自体が許せない。今後無くなっていくべきである。あのような事業者が我々に対して迷惑をかけるような行為をしているのだから、自治体職員は、厳しく事業者に対応しなければ

ならない」といった要求です。

　価値観が非常に偏っていて、独善的だということです。

ハードクレーマーは自省心に欠けている

　こういった思い違いとか、論理の飛躍であるとか、価値観が偏っているというのは、普通の人でもある程度はあることですが、ハードクレーマーは、そういった自分の誤った事実認識や論理の飛躍、あるいは極端な自己中心的な価値観を決して改めません。また、自治体職員が一生懸命説明・説得をしても、一向に歩み寄りません。

　どうして改めないのかというと、それはこういった人々の共通の特徴ですが、自省心が欠如しているからです。自省心というのは、他人の説明・説得を受けて、ひょっとしたら自分の言っていることが間違っているのではないかと省みることですが、これがハードクレーマーにはないのです。

ハードクレーマーとパーソナリティー障害

　精神医学の分野でパーソナリティー障害という概念があります。

　パーソナリティー障害というのは、ご存じの方も多いと思いますが、ごく簡単にいうと、偏った思考や行動パターンを繰り返すことによって社会的に不適合を起こす人々のことをいいます。

　そのパーソナリティー障害のいくつかの分類のなかで、自己愛性パーソナリティー障害という分類があります。これは、自己愛が偏っていたり、不健全な自己愛を持っているパーソナリティー障害ですが、そのため、他人から合理的な説明・説得を受けても、その説明・説得を受け入れることは、自身の不健全な自己愛が傷つくので、「そんなことは聞く耳を持たん。私の見解が正しいのだ、あんた方は私の言うことを聞いていればいいのだ」と言って他人からの説明・説得を絶対に受け入れず、時として激高するのです。

　私は、自己愛性パーソナリティー障害、または、それに近い気質を持っている人々が、ハードクレーマーになっているのだろうと考えています。というのは、精神医学の解説書でふれられている自己愛性パーソナリティー障害の人々の特徴と、ハードクレーマーの特徴がよく重なりあっているからです。

　我々が認識すべきことは、ハードクレーマーは自分の事実認識の間違いや論理の飛躍や価値観が偏っているということを、自治体職員の合理的な説明・説得によっても一向に改めないということです。

　その結果、ハードクレーマーとの交渉は、常に堂々巡りの平行線になります。議論をし、交渉していて、あるとき気づくわけです。「さっきから同じ話の繰り返しになっているじゃないか」と。そう気づいたら、ハードクレーマーとの交渉を打ち切る方向に舵を切るのです。

堂々巡りの交渉の打ち切り方

　それではこの堂々巡りの交渉を、どのように打ち切ればよいでしょうか。

　「申し訳ないですけれども、先ほどから要望を受けておりますが、再三お答えしているとおり、我々としてはそういう要望にお応えすることはできません。時間も限られておりますので、この辺でその話は打ち切らせていただきます」と言っても、「俺の話は終わってはいない」と、「もっと交渉を続けろ」ということになります。

交渉の打ち切り方①　受け入れられない理由を繰り返し指摘する

　ではどうするのかというと、ハードクレーマーの要望が受け入れられない本質的な理由、すなわち、交渉が堂々巡りになっている原因、それだけを穏やかに繰り返し彼らに指摘するのです。

　ハードクレーマーは自分たちの要求を正当化するのに、様々なことを言い、その過程で間違ったことや無関係なことを言います。そのときに、一つ一つ言っていることの間違いや無関係であることを指摘してはいけないとい

うことです。要求が通らない本質的な理由だけを、彼らが一通り主張を終えた時に指摘するのです。

「申し訳ないですけれども、調査の結果、○○という事実が判明しておりまして、事実関係がご主張とは異なりますので、ご希望に沿うことはいたしかねます」と、それだけを答えるということです。

このように事実認識の間違いがあるのであれば、事実認識の間違いを指摘します。

抽象的な権利から、自分の具体的な社会的相当性を逸脱するような要求に結びつける人に対しては、「そういった権利が大事なのは承知しておりますけれども、そこから直ちに○○さんが要望される内容まで認められるというわけではありません。申し訳ないですけれども、我々としてはそういったご要望はお受けいたしかねます」と、それだけを指摘し、それを繰り返すのです。

何を言われても、どういうような話を持ち出しても、答えるのはそれ（要求が通らない本質的な理由）だけということです。それを繰り返すわけです。

交渉の打ち切り方②　トーンダウンを見計らう

そうすると、要求は必ずトーンダウンしてきます。なぜかというと、要求に応じることができないその本質的な理由は、ハードクレーマーの主張のウィークポイントであるため、その指摘を繰り返されると議論や交渉のエネルギーが次第に落ちていくわけです。

そして、トーンダウンしたところを見はからって、「先ほどから同じ話の繰り返しになっておりますね。申し訳ないですけれども、我々が検討した結果、そういったご要望に応ずることはできないという結論が出ておりまして、この結論は変えようがありません。申し訳ないですけれども、ご要望については、これでお話を終わらせていただいてよろしいでしょうか」といって交渉を打ち切るのです。

ハードクレーマーが頭にきてカッカしているときに、「もう時間だからこれ以上聞けません」とやってしまうと、「なんだ、あんた方は我々の話もよ

く聞きもしないで」となるわけです。要望に応えることができない本質的な理由だけを端的に、やんわりと何回も指摘する、これが理不尽な要求、社会的相当性を逸脱するような要求を終わらせるコツになります。

　エキサイトしている時に打ち切るということになると、恨みの感覚みたいなものを持たれるわけです。これは非常によくありません。トーンダウンさせて、交渉のエネルギーを落としてから、その要求に関する交渉を打ち切るということが重要です。

交渉の打ち切り方③　書面による交渉打切通知

　交渉を打ち切ろうとしても、なお執拗に要求・交渉を求めてくる場合は、どうすればよいのでしょうか。

　この場合は、書面でこれ以上その問題について、交渉はしない旨の通知を発送します。

　このような書面による通知を発送する意味ですが、口頭で「これ以上、この件についての交渉はいたしかねます」と言っても、「自分はまだ納得していない。納得するまで説明するのが、自治体職員の義務だろう」などと言われると、また、最初から交渉が始まってしまうことになります。しかし、書面でこれ以上交渉しない旨の通知を発送しておくと、交渉を持ち掛けられても、「令和〇年〇月〇日付回答書のとおりですので、交渉はいたしかねます」と告げて、速やかに交渉要求を断ることができるのです。

交渉打切通知の発送の可否について

　このように自治体事務に支障をきたすほどの社会的相当性を逸脱する要求を受けている場合でも、自治体職員は、対応を拒絶すべきではないという意見が、残念ながら未だにあるようです。

　最近、以下の内容の新聞記事を目にしました。

　佐賀県のある市が市長名で、市内に住む50代男性に対し、市役所での一部を除く窓口対応を拒否する通知を出していたことが弁護士などの取材などで

判明したとしたうえ、識者の意見として「行政が窓口対応を断る通知を出すのは異例で、通知に法的根拠は全くない。大人げない対応だ」「行政機関として、窓口対応を断るのではなく、きちんと話を聞いて納得してもらう努力をすべきだ」と指摘している、と紹介していました。

　市によると、この50代男性は、自身が農業を営んでいる農地の関係で市に相談していたが、この男性に数年間対応してきた中で、職員に対する暴言が複数回あったということで、市は職員を守るために、通知書で男性に対し、「貴殿の市に対する質問、意見などは、回数、所要時間、内容において、市の業務に著しい支障を与えてきた」と指摘し、そのうえで、市への質問は文書に限り、回答は文書で行う。住民票や戸籍、保険、年金の窓口交付以外の対応は、文書の受け取りだけに限る。電話対応は一切しない、と通知したということです。

　市の主張及び通知内容が事実であれば、この男性は市に対する要望を、社会的相当性を逸脱した態様で、数年にわたって続けてきたのであり、不当要求行為に該当する可能性が高いと思います。

　このような不当要求行為によって、自治体の事務に著しい支障をもたらしている場合であっても、「行政機関は窓口対応を断らずに、話を聞いて納得してもらう努力をすべきである」という識者の見解は、具体的事実を見ることなしに「行政機関におけるあるべき窓口対応」という一般的抽象論を述べるもので、疑問を禁じ得ません。

　そして、この識者が言う不当要求行為によって自治体の事務に著しい障害が生じても、「窓口対応を断る法的根拠は全くない」という点については、誤りといわざるを得ません。

平穏に業務を遂行する権利

　というのは、法人である自治体は、平穏に業務を遂行する権利を有しており、業務を妨害する程度が著しい場合は、妨害行為の差し止めを請求することができるとされているからです（大阪地裁平成28年6月15日判決）。

　上記判決は、この平穏に業務を遂行する権利に基づき、被告による市に対する多数回にわたる濫用的な情報公開請求を含む面談強要行為等の差止請求を認めています。

　差止請求というのは、被告に対して「…してはならない」という不作為を求めるものであり、これが判決で認められるということは、被告に一定の行為についての不作為義務を負わせるものですから、法的効果としては、自治体が窓口業務を拒絶する、ということよりもはるかに強力です。

　平穏に業務を遂行する権利が、より法的効果の強い、被告に対する不作為義務を課する法的根拠となるのですから、それよりも穏当な行政機関が窓口対応を拒絶できる法的根拠になり得ないはずはありません。

　この自治体が平穏に業務を遂行する権利は、ハードクレーム対応においての法的根拠となる重要な権利ですので、上記の大阪地裁判決を、一部抜粋して引用します。

　「法人に対して行われた当該法人の業務を妨害する行為が、当該行為を行う者による権利行使として相当と認められる限度を超えており、当該法人の資産の本来予定された利用を著しく害し、かつ、その業務に従事する者に受忍限度を超える困惑・不快を与えるなど、業務に及ぼす支障の程度が著しく、事後的な損害賠償を認めるのみでは当該法人に回復困難な重大な損害が発生すると認められるような場合には、当該法人は、上記妨害行為が、法人において平穏に業務を遂行する権利に対する違法な侵害に当たるものとして、上記妨害行為を行う者に対して、不法行為に基づく損害賠償を請求できるのみならず、平穏に業務を遂行する権利に基づいて、上記妨害行為の差止めを請求することができるものと解するのが相当である。」

書面による交渉打切通知の書き方

　したがって、自治体は、不当要求行為（ハードクレーム）によって業務に著しい支障が生じている場合、交渉打切や窓口対応を拒否する通知を出すことができる、というべきですが、その記載の仕方が問題です。

　まず、一般的・包括的な交渉拒絶や窓口対応の拒否は、すべきではありません。住民は、基本的に自治体に対し、問い合わせをしたり、苦情を述べる権利がありますから、業務に支障をもたらしている交渉や対応となっている当該案件に関する件を特定して、その件に関してのみ交渉を拒絶すべきです。

　そうすると、別の案件でまたしつこく要求される可能性があるのではないか、と思われるかもしれませんが、案件が別であれば、適切な初期対応をしたうえで、それでも不当要求行為となるようであれば、再び、その件を含めて交渉打切の通知を出せばよいのです。

　要するに、交渉を打ち切る案件を特定する必要があります。

　次に、当該案件におけるハードクレーマーの社会常識を逸脱する要求を具体的に記載します。

　次に、そのような要求に対して、当該自治体の窓口では、きちんと理由を付して要求に応ずることはできないことを再三、説明・回答していることを指摘します。

　次に、上記のような説明・回答をしているにもかかわらず、不当要求行為者が、執拗に要求を繰り返したり、説明を求め続けたりするため、業務に著しい支障をきたしていることを記載します。ここで、できれば、電話や面談における対応回数・時間を具体的に記載します。

　そして、最後に、「上記の理由から、本件（当該案件）に関しては、これ以上対応いたしかねます」と結ぶのです。

　なぜこのような記載をするかというと、ハードクレーマーがこのような通知をネット上に公開したり、他の行政機関に対して当該自治体の対応を告発した場合に、通知を見た人に、通知の内容から不当要求行為の不当性を理解してもらうためです。

　要するに、交渉打切の通知書は、「どちらに非があるのかわかってもらう」、つまり、その書面の内容から、自治体が交渉を拒絶することがやむを得ないことを、第三者にも理解できるような内容にすることが必要です。

　このような記載をすることなしに、単に「今後、窓口では対応いたしません」としか記載していない書面を送ってしまうと、ハードクレーマーが、そ

の書面をネット上に公開したり、他の行政機関にもって行って、「いきなり、対応拒絶するなんて、この自治体の対応は酷い」などと批判した場合、書面を見た人に、「自治体の対応は不十分である」と思われて、批判を受けてしまうことになります。

交渉打切通知の記載例

　上記の要点を踏まえた記載例を示すと、次頁のような通知書の文面となります。

令和○○年○○月○○日

×××× 　様

○○市○○課課長

○○○○

（問題となっている案件）に関するご要望について

前略

当課は、上記の件に関し、令和○○年○○月以降、××様より、再三にわたり、（ハードクレーマーの具体的要求）とのご要望を受けてまいりましたところ、当課におきまして、（要求が受け入れられない理由）から、××様のご要望につきましては、すでに対応いたしかねる旨、重ねて回答しております。

しかしながら、××様は、これに納得されず、連日、電話にて要望を受け入れることを求め、このような電話は、令和○○年○○月以降、○○件、通話時間合計○○時間に及び、また、当課窓口でも上記ご要望について面談要請を繰り返され、当課職員の対応回数は、○○回、合計対応時間は○○時間に及んでおります。

このような××様の度重なる架電及び面談要請により、当課の業務は著しい支障を来しております。

つきましては、本書をもちまして、××様の上記ご要望には対応いたしかねる旨、改めて回答するとともに、今後、当課におきましては、本件に関する××様からお電話、窓口来訪を頂きましても対応いたしかねますので、ご了承ください。

草々

　このような通知書は、ハードクレーマーに対して訴訟等を提起するのでなければ、必ずしも配達証明付き内容証明郵便で発送する必要はありません。先方に通知書が届いたことが分かればよいので、書留郵便か特定記録郵便で発送すればよいでしょう。

ハードクレーマーとの交渉が「堂々巡り」となる

3つの原因

原因その❶ 事実認識が間違っている（思い違いをしている）ことを認めない

要求の前提となる事実認識について、間違っている合理的理由が示されていても、ハードクレーマー自身が、事実認識の誤りを認めようとしないため

原因その❷ 自分の要求に結びつける論理に、飛躍がある

抽象的な権利（本文中では「環境権」）と、自分の社会常識を逸脱するような具体的な要求を結びつける等、ハードクレーマーの論理に飛躍があるため

原因その❸ 価値観が非常に偏っていて独善的

ハードクレーマーは「〇〇は存在自体が許せない」等の、極端に自己中心的な価値観から要求をしているため

ハードクレーマーとの交渉が「堂々巡り」となったら

こうやって交渉を打ち切る！

①　要求が受け入れられない理由を、繰り返し指摘する

・要求が通らない本質的な理由だけを、ハードクレーマーが一通り主張を終
　えた時に、指摘する

　→何を言われても、どういうような話を持ち出されても、答えるのはそれ
　　（要求が通らない本質的な理由）のみに終始し、そしてこれを繰り返す

②　トーンダウンしたところを見はからって、交渉を打ち切る

・ハードクレーマーの交渉のエネルギーを落とし、トーンダウンさせてか
　ら、その要求に関する交渉を打ち切る

　→要求に応じられない本質的な理由は、ハードクレーマーの主張のウィー
　　クポイントであるため、その指摘を繰り返されると議論のエネルギーが
　　次第に落ちていく

③　書面による交渉打切通知を出す

・なお執拗に要求・交渉を求めてくる場合、書面でこれ以上その問題につい
　て、交渉はしない旨の通知を発送する

　→書面で、これ以上は交渉しない旨の通知を発送しておくと、交渉を持ち
　　掛けられても、速やかに交渉要求を断ることができる

第 4 章　具体的事例と対応例 (事例 1 〜 12)

事例

1

生活保護申請却下に対する
ハードクレーム

住民の主張

以前、生活福祉課の職員から生活保護の受給が可能と言われたの
で生活保護の申請をしたにもかかわらず、先日、申請却下通知が
届いた。その職員を出せ。金がない。飢え死にしろというのか。

状況

生活保護の受給が可能と発言したという職員は異動のため現在、
生活福祉課に在籍していない。受け取った申請却下通知は住民が
破って捨てたという。申請却下となった理由は住民の同居の内縁
の妻に収入があったためである。

| 想定問答 | 要求する住民 | 対応する職員 |

●生活福祉課の窓口にて

住民

あのよう、電話でも言ったんだけどよ。お前らが受給できるって言っ
たから申請したんだぞ。
それなのに申請却下ってなんだよ。人バカにしてんのか。おい。

職員

お名前と申請却下通知をお見せ頂けますか。

住民

××（苗字）だよ。通知は破って捨てたよ。お前事情知らないだろ。
受給できるって言ったやつ呼んで来い。そいつに話があんだから。受

給できるって、嘘ついたやつ出せよ。

職員

よろしければ、下のお名前をお聞かせ願えますか（人違いを防ぐため、フルネームや生年月日を訊いて特定する。但し、該当する人物がほかにおらず、特定できるのであれば、固執しない）。

住民

××ってやつで他に申請却下食らった野郎がいるのかよ。いいから、お前じゃなくて、受給できるって嘘ついたやつ出せよ。

職員

その職員の名前は憶えてらっしゃいますか。

住民

○○っていうメガネかけた若い野郎だよ。

職員

○○は別の課に異動となっております。

住民

それじゃ、○○をここに呼べよ。

職員

申し訳ありませんが、異動となった職員をここに呼ぶことはできません。私がお話を伺います（はっきり断る）。

住民

だから、お前は事情知らねえだろ。

職員

通知書を確認しますので、少々お待ちください。

住民

○○呼べよ。おら。

職員

（怒声は無視して、申請却下通知書を確認する）
内容を確認致しました。ご同居されている方に収入があるようですので、それが却下の理由となっているようですが。

住民　俺は無職で働けねえんだよ。カカーに食わせてもらえってのかよテメー。

職員　申し訳ありませんが、世帯で収入がある場合、生活保護は原則として世帯を単位として要否を判断しますので、却下となっております（制度の原則と適用の結果は、はっきり指摘し、これについて、議論しない）。

住民　おかしいだろ。カカーが食わせてくれなかったらどうすんだよ。

職員　申し訳ありませんが、「もし何々だったら」というような仮定のご質問にお答えするのは控えさせていただきます。

住民　実際、金がねえんだよ。飢え死にしろってことか。

職員　（答える意味のない質問には答えない）。

住民　だから、受給できるって言ったやつ呼べよ。
お前ら詐欺だろ。詐欺やって、税金から給料もらっていい身分だな。
（ここが交渉打ち切りのポイント）。

職員　申し訳ありませんが、異動となった職員を呼ぶことはできません。
却下の理由についてご不明な点があれば、ご説明いたしますがいかがでしょうか（主訴は却下に納得がいかないということなので、却下の理由についての説明に限定する）。

住民　この役立たず。税金泥棒。

職員　（罵声に反応しない）。

住民

この木っ端役人が（罵声を浴びせながら立ち去る）。

対応のポイント

　　説明のコミュニケーションギャップで、「言った、言わないの論
　　争」は避ける

　住民に対して職員が説明する際、留保をつけた（「○○の場合は、受給可
能ですよ」）つもりでも、本件のように住民が自分に都合よく、「受給でき
る」と受け取ってしまう、コミュニケーションギャップがまま見られます。

　このような場合に、「必ず受給できると言った」「そのような意味で言って
いません」という議論をするのは、住民の怒りに火をつけてしまうので、避
けるべきです。

　そして、本件のようにすでに前に話をした職員が異動によって別の部署に
異動している場合、住民が「前の担当者を呼んで来い」と要求しているから
といって、直ちに呼んでくるのは、適切とはいえません。というのは、前任
者を呼べば、言った、言わないの論争になるか、あるいは、職員にそのよう
な話をした記憶がないということになり、決して住民が納得するような解決
にならず、かえって混乱の元となるからです。

　その前に、まず、住民の主たる訴えは何かについて、現在、対応している
職員が整理すべきです。この時、執拗に「前の担当者を呼べ」と言われた場
合は、「必要となれば、前任者を呼ぶことも検討させていただきますが、私
が現在の担当者ですので、まずは私が対応させていただきます。」と押しと
どめます。

　そのうえで、主たる訴えについて、結論と理由を示して回答します。

「もし何々だったら」という仮定の質問には答えない

　こちらの説明に対し、住民から、「もし何々だったら…どうするんだ」というような仮定の事態を前提にした反論をされることがよくあります。しかし、多くの場合、ほとんど起こりえない事態を仮定するものですので、そのような質問・反論に対しては、「申し訳ありませんが、仮定のご質問にはお答えいたしかねます」ときっぱり回答します。

　本件では、住民の不満は、結局は、期待していた生活保護の受給ができないということですので、この点に関する理由の説明を繰り返す必要があります。その説明を聞かず、暴言を繰り返すようであれば、交渉の継続に意味はありませんので、交渉を打ち切る方向に舵を切ります。

　ここで、住民が「受給できないことは理解したが、前の担当者の説明が納得いかない」ということであれば、具体的な事案によっては、前の担当者に、どのような説明をしたのかを確認することも必要です。

　その結果、前の担当者が、「そのような説明はしていない」、あるいは、「どのような説明をしたのか覚えていない」ということであれば、現在の担当者が「説明がうまく伝わらなかったようで、落胆させてしまい申し訳ありません」と速やかに謝罪します。

　「説明がうまく伝わらず、誤解をさせてしまい申し訳ありません」という謝罪は、過誤説明を認めるものではなく、コミュニケーションギャップの結果、不快な思いをさせたことについての謝罪です。

　このように、特に前任者の発言に対するクレームに対しては、「言った言わないの論争」にしないことが重要です。

公立保育園における園児のけがと保護者からのハードクレーム

住民の主張

子供が保育園で別の園児に突き飛ばされてけがをした。手から血が出ているのに、保育士は絆創膏を貼っただけ。子供がショックでふさぎ込んでいる。保育士を辞めさせるか、自宅から近い保育園に転園させろ。弁護士に委任する。病院で CT をとる。費用を自治体に請求する。

状況

保育園での園児同士のけんかによって、一方の園児がかすり傷を負った。傷を負った園児にケンカの原因がある。軽微なけがであったため、保育園から自治体の担当課に報告が上がっておらず、担当職員は上記の状況を把握していない。

想定問答　　　　　　　　 要求する住民　 対応する職員

●自治体の保育課へ住民が電話

 住民
（午後 5 時頃電話）市立保育園の責任者と話がしたい。

 職員
どのようなご用件でしょうか。

 住民
うちの子供が保育園で、別の園児に大けがさせられたっていうのに、情報が上がってないのか。危機管理がなってないな。そのことを含め

て話をするから責任者に代われ。

職員　私が保育園の担当ですので、私がお話を伺います。

住民　あんたじゃ話にならない。早く責任者をだせ。

職員　私がお話を伺い、私から上司に報告いたします（事情を聴取するまでは、安易に上司にエスカレーションしない）。
お子様がおけがをされたとのことですが、保育園はどちらですか。

住民　保育園から報告が上がってないのか。どういう危機管理体制をしてるんだ。

職員　申し訳ありません（主たる問題ではないので、危機管理体制について言い訳したり、議論しない）。
保育園名と状況をお話しいただけますでしょうか。

住民　Ｂ町のＢ保育園だよ。うちの子が別の園児に突き飛ばされてころんでけがしたんだよ。

職員　お子様は病院には行かれたのでしょうか。

住民　手から血が出ているのに、絆創膏を貼っただけで返されたよ。
子供はショックでふさぎ込んでる。保育園に行けなくなったらどう責任取るんだ。

職員　出血は止まりましたでしょうか。痛みは続いてますか（緊急対応の要否の判断のため、受傷の状況は確認する）。

住民
今のところ、病院に連れて行くほどの状態じゃない。

 職員
お子様がけがをされた状況の説明は、保育士から受けられましたか。

 住民
園児同士の喧嘩だって、うちの子にも責任があるような言い方で失礼
な保育士だったから、市に抗議するって言ってすぐに帰ってきて、今
電話している。
取りあえず、あんたと責任者でうちに謝罪に来い。

 職員
**早急に伺わせていただきたいと存じますが、保育士にまず、事実関係
を確認させていただいた後、明日以降、お伺いさせていただきます**
（先方の要望に配慮は示すが、事実確認をするまで諾否の返事はしな
い）。

 住民
どうしてすぐに謝りに来ない。保育士も連れてこい。

 職員
**事実を整理しないまま、お伺いすることは却って失礼と存じますし、
混乱、行き違いのもとともなりかねませんので、私の方で事実確認を
させていただいたうえで、こちらからご連絡させていただきます。**

 住民
事実確認するのは勝手だけど、こちらの要求は言っておく。
まず、あの保育士は辞めさせろ。子供に接する適性がない。

 職員
**事実関係を把握しておりませんので、誠に申し訳ございませんが、お
返事はいたしかねます。**

 住民
保育士を辞めさせられないんだったら、うちの子を近くの保育園に転
園させろ。

職員 そのご要望につきましても、今の段階では、お返事はいたしかねます。

住民 そういうのらりくらりの対応するのであれば、こちらにも考えがある。保育士と園長を刑事告訴する。

職員 非常にお怒りであることはわかりました（事実関係を把握していない段階で、刑事告訴や訴訟提起などの発言をされた場合、そのことに対してコメントしない）。

住民 弁護士に委任する。子供を病院に連れていって、CTを取る。費用はそちらに請求するからな。

職員 誠に申し訳ございませんが、今の段階ではお返事いたしかねます。

住民 あんたの対応はなってないぞ。民間ならあり得ない対応だ。市長に手紙を書くからな。いいな。

職員 至らない対応で、申し訳ございません（「市長へ手紙を書く」については返答しない）。

住民 （電話を切る）

対応のポイント

「責任者に代われ」と言われても、安易にエスカレーションしない

　ハードクレーマーの内心の目的として、自身の「有能感の確認」があります。この有能感の確認の表れとして、「お前じゃだめだ。責任者に代われ」と言われることがよくあります。「ここで俺が対等に話すのは、責任者しかいない」という意識です。

　ここで、安易にエスカレーションしてはいけません。「責任者を出せ」と言われて責任者を出した瞬間に、そこはハードクレーマーの「有能感の確認」の場となってしまいます。多くの自治体でハードクレーマーに悩まされる最初のきっかけは、この安易なエスカレーションにあります。

　ですので、「事実関係に関しては私がお伺いしますので、まずは、お話しください」と自分が、事実関係の把握については責任者であるという意識を持ち、上司へのエスカレーションは断るべきです。

対応のポイント

事実確認ができるまで、要求に諾否の回答はしない

　ハードクレーマーの多くは、自分が主張する事実関係だけをもとに種々の要求をしますが、ハードクレーマーの主張のみで何らかの回答をすることは、絶対に避けなければなりません。

　「事実確認ができておりませんので、現段階では回答いたしかねます」と現段階の回答はできない旨、はっきり答えるべきです。

　この時、ハードクレーマーから「俺の言っていることが嘘だっていうのか」等と詰め寄られることがありますが、「申し訳ありませんが、一方の当事者のみからお聞きした内容で、事実確認することはできません。関係当事者から速やかに事情を聴取しますので、それまで、回答はお待ちください」と答えます。

「今すぐ謝りに来い」と言われた場合

　激高している住民から、「今すぐに謝りに来い」であるとか、「今夜10時にうちまで来い」との要求を受けることがあります。

　このような要求も実は、ハードクレーマーの有能感の確認の表れです。自分の指示どおりに職員の方々を動かし、それによって自分の有能感を確認するのです。したがって、このような要求に応じてはいけないのですが、そもそも、そのような要求に応ずる必要性が、客観的に存在しません。

　なぜなら、謝罪に緊急性はないからです。

　謝罪が必要な場合でも、今すぐに謝罪しなくても、その人の損害が拡大するわけではないのですから、後日、日程を調整して適切な時間帯に伺えばよいのです。激高しているからといって、安易に「今すぐ謝りに来い」という要求に応じてはいけません。

「訴えてやる」と言われた場合

　ハードクレーマーは自分の要求が通らない時に、「訴えてやる」とか、「市長に抗議する」「SNSで公表する」などの脅し文句を言うことがよくあります。このような場合、無回答であったり、逆に「ご自由に」などと突き放したような返答をするのはよくありません。前者は、脅しが効いたと思われ、何らかの攻撃を誘発しますし、後者は、「なめているとほんとにやるぞ」という怒りを惹起し、やはり攻撃を誘発するからです。

　この際の返答のポイントは、ハードクレーマーに「脅しは効かなかった」と思わせる返答をすることです。想定問答のように「至らない対応で、申し

訳ありません」とハードクレーマーが納得していないことについての謝罪を
するか、あるいは、「○○をされるのは、××さんのご判断なので、それに
ついては何とも申し上げられません」と冷静に答えます。

　「訴えてやる」というようなことを言われた場合、このような答えを用意
しておいて、即答できると効果的です。

道路沿いの木の枝を早く切ってほしいと執拗に対応を求める住民

住民の主張

隣の家の木の枝が邪魔。道路に飛び出しており、走行中の車両に接触した場面も目撃した。事故が起きたらどうするのか。自治体が枝を伐採すべきだ。道路法に規定があり、罰金もあるはずだ。自分のためではなく、地域のために言っている。枝が伐採されるまで、自治体に要求し続ける。

状況

枝が敷地から出て道路に飛び出しているのは事実だが、道路上に出ている枝は太いものではなく、路上の高い位置（3メートル程度）にあり、車両の通行に著しい支障はない。道路法上、道路上の不法投棄物であれば対処できるが、所有者のいる樹木については強制的には伐採できない。住民からの苦情があるため、樹木（敷地）所有者に連絡して、枝の伐採をお願いしているが、現在までのところ、伐採されていない。道路法上、所有者に伐採するよう命令することができる規定があるが（命令違反には罰金が科せられる）、いきなり、住民を相手に命令を発令することはしていない。

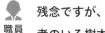 想定問答　　　　　　　　　要求する住民　対応する職員

●**住民から市道路課に電話**

住民
　B町三丁目の、以前に隣の枝の件で電話した××だけどね。今日、前の通りを走っていたトラックが、枝に接触したのを目撃してね。危ないでしょ。事故起こしたらどうするの。人命にかかわるでしょ。市の方で枝を伐採してください。

職員
残念ですが、道路上の不法投棄物でしたら対処できるのですが、所有者のいる樹木については、強制的に伐採することはできないんです。

住民
いや、そんなことはない。道路法に規定があって、罰金もありますよ。

職員
法律的な話で難しいんですが、道路法の罰則は、道路管理者の命令に従わない場合の罰則で、強制的に道路管理者が伐採するという規定ではないんです（法律の枠組みについて大まかに説明する）。

住民
じゃあ、伐採するように命令すればいいじゃないですか。なぜしない。

職員
市としては、いきなり命令というわけにはいかないので、樹木の所有者の方とお話し合いのうえ、ご理解いただいて対応していただくようにしています。

住民
話し合いしているのかね。

職員
隣地所有者の方には、度々お願いをしようと連絡をしているんですが、まだ、伐採していただけていない状況です。

👤 **住民**
それじゃ解決にならんでしょ。私はね、自分のために言ってるんではないんだよ。地域の住民が、交通事故の被害者にならないように言っているんだ。事故が起きて、人が死んだらあなた方責任とれるの。市で直ちに伐採しなさい。

👤 **職員**
そのような事態にならないように、お願いは続けていこうと思っています（極端な仮定を前提とした質問には、「そのような事態にならないように…していきます」と答える）。

👤 **住民**
なに言ってるの。人命がかかっているんだよ。

👤 **職員**
ご通報いただいて、ありがとうございます（人命云々について反応しない）。私どもも、どのような方策がよいか考えていきますので、ご容赦願います。

👤 **住民**
枝が伐採されるまで、私は言い続けますからね。今度、この件で、抗議に行くので、しかるべき責任者に対応してもらうからね。

👤 **職員**
その際は、ご理解いただけるよう、お話させていただきます。

👤 **住民**
（切電）

こういうケースには…

執拗なご意見的クレームへの対応

　住民の中には、自分が改善すべきであると思った問題について、自治体に対し、自分が要求するような対応を実行するよう、執拗に求めてくる人がい

ます。

　住民からのご意見は傾聴し、自治体が対応すべきものは、積極的に対応すべきですが、自治体において対応困難な要求を、それが実行されるまで執拗に求め続けてくる場合、要求態様が社会的相当性を逸脱するのであれば、不当要求になる場合もあり得ます。

　このような場合、「ご意見として承ります」というだけでは、決して納得されませんので、自治体として、対応が困難であることを丁寧に説明し、率直に回答する必要があります。

対応のポイント

関連法規の構造を、丁寧に説明

　本件では、市の道路課に路上にはみ出している木の枝を伐採するよう要求していますが、所有者の存在する樹木の枝を、自治体が勝手に伐採することはできません。

　住民は、道路法に規定があり、罰則まであると主張していますが、道路法の規定は、道路管理者は、道路の通行に支障がある障害物の所有者に対して、障害物の除去の命令をすることができる、という規定であって、直接伐採することができる、という規定ではありません。

　また、罰則は障害物の除去の命令に違反した場合です。

　このように、住民が法令について誤った解釈のもとに、自治体の対応を求めてくる場合があります。このような場合は、「法律はそうなっていません」と一刀両断に指摘するのではなく、「少し難しい解釈になるのですが…」等と前置きをして、丁寧に法律の構造を説明する必要があります。法律の結論だけを指摘して誤りを指摘してしまうとその住民の自尊心を傷つけ、怒りのエネルギーが高まり、余計に自分の要求を通そうとするからです。

　また、本件の場合、確かに道路法に基づく障害物の除去の命令が、考えられなくはありませんが、自治体の住民に対する公権力の行使は、慎重にする

ことが求められます。

　したがって、通行に対する危険性を十分検討したうえで、樹木所有者に任意の伐採を求めるお願いを重ねているか、ということが問われます。

　本件では、いまだ、樹木所有者との交渉の過程ですので、伐採を要求する住民に対しては、交渉過程であることを丁寧に説明して、理解を求める必要があります。

> **対応のポイント**
>
> ### 自治体の対応には「法令に基づく」という限界があることを説明

　本件の住民は、通行者の命にかかわる問題であるといって、「死んだらどうするの」という言い方をして、直ちに伐採をするよう求めています。重大な人身事故が発生する危険性が、絶対にないとはいえませんが、法律に基づき自治体がなし得る対応は、限定されていますので、自治体が直ちに枝を伐採しなければならない、という結論にはなりません。

　ですので、このような発言を受けた場合は、「そのような重大な事態にならないように交渉を継続していきます」と回答します。

　本件では、未だ住民は社会的相当性を逸脱するような要求態様に至っておらず、対応を継続していくべきですが、住民がハードクレーマーにならないように、法令に基づき自治体がなし得る対応には限度がある、ということを丁寧に説明する必要があるでしょう。

事例
4
ハードクレーマーによる録音、撮影、名刺の強要、上司の対応要求

住民の主張

窓口での相談の様子をスマホで録音・録画させろと要求。断る職員に名刺を出せ等と要求。それも断った職員に「民間ならクビだ」と非難。

状況

この自治体の庁舎管理規則には、庁舎内で許可なく録音、録画できないという明文の規定はない。職員の名刺は、このような場合は、交付しない。

想定問答　　　　　　要求する住民　対応する職員

●某課の窓口

住民　例の件の話の続きだけどよ。今日はこれで（スマホを示し）録画させてもらうからな。

職員　**申し訳ありませんが、庁舎内での撮影、録音はご遠慮ください。**

住民　なんでだよ。

職員　**庁舎内で撮影、録音をされますと、課内の資料、来庁者の声、容貌などが無制限に撮影、録音されることとなりかねませんので、プライバ**

シー、個人情報、肖像権の保護の観点などから、撮影、録音はお断りしております。

住民　そんなもん撮らねーよ。お前の顔と声だけ撮るからよ。

職員　そうおっしゃられても、それ以外の資料や来庁者を撮影されると私どもで制止することは困難ですので、撮影、録音はお断りします。

住民　お前じゃだめだな。課長に話しさせろよ。

職員　担当職員として申し上げておりますので、課長が来ても同じ回答です。

住民　同じ回答かどうか、確認させろよ。あそこにいんだろうよ。

職員　では私が確認してまいります。（課長席に行って説明。課長の指示を受けて戻り）やはり同じ回答です。

住民　人、バカにすんじゃねえぞ。お前、名前教えろ。名刺出せ。

職員　（ネームプレートを示して）〇〇〇〇と申します。名刺はお渡ししておりません。

住民　なんでだよ。民間企業ならふつう渡すだろ。

職員　窓口には大変多数の住民の方が見えられますので、その都度、名刺をお渡ししておりますと、大変な枚数の名刺を用意しなくてはなりません。また、不特定多数の方に名刺をお渡しすると、私以外の方に使用されてしまう可能性がありますので、みだりに名刺をお渡しすることは控えさせていただいております。

住民　俺がてめえの名刺悪用するってのかよ。市長に抗議して、お前クビにしてやるからな。

 職員　**申し訳ありませんが、お引き取りください。**

 住民　ちゃんと仕事しろ。税金泥棒。

 職員　**お引き取りください。**

こういうケースには…

住民による庁舎内での録音・録画の要求

　近年、住民がデジタルカメラやスマートフォンで、庁舎内における自治体職員との交渉を録音・録画したり、さらには、撮影した動画をネット上に投稿する、という行為が問題となっています。

　このような録音・撮影行為は、多くの場合、自分の不当要求が通らないことへの報復として、職員への嫌がらせ的な業務妨害として行われます。

　無許可録音・撮影行為は、来庁する他の住民のプライバシーや肖像権を侵害し、録音・撮影行為をやめさせるために多数の職員が対応を余儀なくされ、庁舎管理に重大な支障を生じさせます。

　また、職員の肖像権も侵害され、さらに、撮影された動画がネット上に投稿されると、撮影された職員の困惑・不快感は、非常に強いものがあると思います。

　このような事態を回避するため、庁舎管理規則で無許可録音・撮影を禁止する規定を設けている自治体もありますが、未だ、多くの自治体が庁舎管理規則で無許可録音・撮影を禁じていないようです。

　庁舎管理規則で無許可録音・撮影を禁じていれば、規則を根拠に撮影をや

めることを求めることが考えられますが、規定がない場合、どのように言って撮影を制止するのかを、検討しておくべきです。

想定問答では、「庁舎内で撮影、録音をされますと、課内の資料、来庁者の声、容貌などが無制限に撮影、録音されることとなりかねませんので、プライバシー、個人情報、肖像権の保護の観点などから、撮影、録音はお断りしております」と回答していますが、まずは、このように他の来庁者の権利保護を、理由とするのがよいと思います。

自治体の庁舎管理規則に許可なく録音・撮影できないという規定がある場合でも、「庁舎管理規則で禁止されています」とだけ指摘するのではなく、そのような規定が設けられている理由を説明して説得すべきですので、上記の理由を説明すべきでしょう。

それでは、相談室、応接スペースなど、課内の資料や他の来庁者の声や容貌が録音・撮影される可能性がない場所の場合は、どのように言えばよいでしょうか。

このような場合は、対応する職員の肖像権の侵害（自己の容貌をみだりに撮影されない権利）を理由とします。

なお、庁舎内における撮影を繰り返し、自治体の平穏に業務を遂行する権利を侵害したとして、無許可撮影行為の差し止めを認めた判例があります（令和2年6月25日千葉地裁）。

対応のポイント

「公務員に肖像権はない」は俗説

このように言うと、「公務員に肖像権はない」と反論する人がいますが、「公務員に肖像権はない」というのは、まったくの俗説です。肖像権は公務員を含め何人にも認められる権利（利益）であることは、判例でも認められています（「東京都郵政局管内ほか（胸章着用）事件」東京地裁平成11年12月8日判決）。

ただ、公務員は当該公務員の公務の性質上、肖像権が制約される場合があるということなのです。例えば、警察官がデモ隊を制圧するとき、行き過ぎ

た実力行使が行われようとしている場合に、当該警察官を撮影したとしても、直ちに撮影行為は肖像権の侵害として違法とはされません。しかし、一般の自治体職員が通常の住民対応を行っている場面を撮影することは、その必要性がまったく認められませんので、肖像権の侵害となるということです。

■こういうケースには…

「名刺をよこせ」と言われた場合

　本件では、住民が職員に「名刺をよこせ」と要求しています。

　名刺を渡す目的は、挨拶・自己紹介のほか、今後、互いに連絡を取り合う際の連絡先の交換のためですが、自治体の窓口で来庁した住民に要求されたからといって、名刺を渡す必要はないと思います。自治体の窓口には極めてたくさんの住民が訪れますので、その都度、渡さねばならないとすると、大変な枚数を用意しなければなりません。また、公務員である職員が、大量の名刺を不特定多数の人に交付すると、官職を騙られる等、悪用される恐れもあります。

　ですので、本件では、名刺を渡すよう求められていますが、交付する必要はありません。窓口対応で必要となるのは、名刺ではなく、「どの職員が対応したのか特定できること」ですから、ネームプレートを見せれば十分です。

■こういうケースには…

職員はフルネームを名乗らなければならないか

　多くの自治体では、窓口職員はネームプレートを付けています。

　近時、窓口職員でなくても、ネームプレートを付けている場合も多くなっていますが、執務中にネームプレートを付けていない職員が、ハードクレー

マーからフルネームを教えろ、と要求されることがあります。

　このような場合、「フルネームを教えると、個人的な嫌がらせをされそうなので、教えたくないが、教えなければならないのでしょうか」という質問をよく受けます。

　自治体職員は、このような場合、フルネームを名乗らなければならないのでしょうか。

　その判断は、最終的には、その自治体の「情報公開条例」の条項によることになります。

　各自治体は情報公開条例を定めており、公文書の開示請求があった場合、開示請求者に開示しなければならない義務がありますが、その例外として、「個人に関する情報」は非開示とすると定めています。しかし、非開示とすべき個人に関する情報のうち、当該個人が公務員である場合は、非開示の例外となり、当該情報がその職務の遂行に係る情報である場合は、当該情報のうち、「当該条例に定める部分」は開示する義務があるのです。

　この「当該条例に定める部分」に、当該公務員の氏名が入っている条例であれば、氏名を開示する義務があり、入っていない条例であれば、開示する義務はないということになります。

　公務員の氏名が、開示対象になっていない条例の自治体（例えば東京都）もありますが、多くの自治体は、公務員の氏名も開示対象としているようです。

　ただ、公務員の氏名を開示対象としている条例も、当該公務員の氏名を公にすることにより、当該公務員の個人の権利利益を不当に侵害するおそれがあるような場合は、非開示としています。ですので、例えば、ハードクレーマーから、「お前にも家族がいるんだろ。お前のせいで家族が苦しんでもいいのか」などと脅迫を受けている場合は、氏名を開示することによって、危害が加えられるおそれがあるので、非開示とすることができるのです。

　情報公開条例に基づく開示義務は、情報公開請求があった場合に発生するものですが、住民に対応した職員がフルネームの開示を拒絶した場合に、その住民から当該公務員の氏名が記載されている公文書の開示請求があれば、結局、条例によって氏名の開示義務を負うことになるのですから、フルネームを名乗るべきである、ということになると思います。

事例
5

市長との面会を強要

住民の主張

担当部署での電話及び窓口での対応に納得できない。市長に直接伝える意向で、市民の声担当窓口に来た。取り次いでほしい。職員が取り次げない旨答えると「責任者を出せ」「市長に会わせろ。秘書に今すぐ連絡しろ」と要求。要求が通るまで居座ると宣言する。

状 況

このような場合、市長との面会要求はお断りしている。市長の予定も開示しない。庁舎に居座る場合は、退去要請を繰り返し、退去しない場合は、警備を呼んで退去を促す。さらに警察に通報するという手順を取ることが明文化されている。

想定問答　　　　　 要求する住民　 対応する職員

●市民の声課窓口

住民　おい、この前、窓口にいたやつ出せ。ひとこと言ってやりたいことがある。

職員　**職員の名前はご存知ですか。**

住民

そいつ名乗ってねえから知らねえよ。

職員

どういったご用件でしょうか。

住民

電話での対応が失礼だったからよ。窓口に来て苦情を言ったら、電話と同じで、こっちの話を聞かねえから、これから市長のところへ文句言いに行くんだよ。そいつがいねえんだったら、お前が市長のところへ連れて行け。

職員

市長はお会いできません。

住民

なんでお前が会えないとか言えるんだよ。いいから連れて行けよ。

職員

市長は執務中ですので、お連れできません。

住民

市民の苦情を聞くのも、市長の仕事だろ。

職員

住民の方々からのご意見、ご要望、苦情等は、多数ございますので、市長は、直接お会いして苦情を聞くのではなく、私どもの課などが市民の方の苦情を市長にお伝えしています。

住民

お前じゃだめだ、責任者出せ。

職員

課の担当職員として対応しておりますので、私が対応させていただきます。

住民

だから、お前、市長の予定知らねえだろ。市長の秘書がいるだろ。そいつに連れて行ってもらうから、そいつ呼べよ。

職員　繰り返しになりますが、市長は執務中ですので、お会いになることはできません。苦情は私がお伺いします。

住民　だから、お前みたいなヒラじゃだめだって言ってんだろ。今すぐ、秘書呼べよ。

職員　市長は執務中でお会いすることはできませんので、秘書を呼ぶことは致しかねます。

住民　だったら、自分で行くよ。市長室は何階だ。

職員　お教えできません。

住民　なんでだよ。教えろよ。

職員　市長はお会いしませんので、お教えできません。

住民　てめえ、ふざけんなよ。市長に合わせるまで、ここに居座るからな。

職員　窓口は、他の市民の方も利用されますので、お引き取りください。

住民　だから市長と合わせるまで、窓口に居るって言ってんだろ。

職員　お引き取りください。

住民　市長に会わせろ。

職員　お引き取りいただけませんと、警備の者を呼ぶことになりますが、よろしいですか。

69

住民　やってみろよ。

職員　（別の職員に警備員を呼んでもらう）今、警備の者を呼びました。

住民　（警備員が来て、庁舎外へ誘導される）

こういうケースには…

自治体首長への面会の強要

　自治体職員の対応に不満を抱いたハードクレーマーが、自治体首長や自治体の幹部職員へ、直接の面談を求めることがあります。

　このような要求を受ける窓口は、市民の声課や広聴課が多いと思いますが、要求が面談強要となるような場合、どのように対応するか、あらかじめトークスクリプトを含めて対応手順を、マニュアルなどで決めておくことが必要です。

　まず、「市長はお会いできません」と言うだけでなく、「多数のご意見、ご要望、苦情等がございますので、市長は、直接お会いして苦情を聞くのではなく、私どもの課などが市民の方の苦情を市長にお伝えしています」というように、住民が要望したからといって、自治体の首長が直接面談に応ずるものではない理由を、簡潔に言えるようにしておきます。

こういうケースには…

納得せずに窓口で居座る場合

　対応した職員が、首長との面談の要求を拒絶した場合、押し問答となるこ

とがありますが、このような交渉を長時間続けることはまったく意味がありません。事務に支障をもたらすことになりますので、説得は繰り返しますが、交渉は速やかに終了し、お引取りをお願いします。

　しかし、ここで納得せずに、窓口で居座りをする場合があります。

　このような居座りに備えて、居座る住民を退去させる手順をマニュアルなどで具体的に示しておく必要があります。

　例えば、①対応担当者が退去を要請

　　　　　②所属長において、「退去いただけない場合、警備を呼ぶ」ことになる旨を告げて、さらに退去を要請

　　　　　③庁舎管理係へ通報し、警備員の派遣を要請

　　　　　④庁舎管理係から「退去しなければ、退去命令が発令される」ことを告げて、退去を勧告

　　　　　⑤庁舎管理規則に基づく退去命令（時間を「何分以内」と定め、「時間内に退去しない場合は、警察に通報する」ことを予告）

　　　　　⑥退去命令に従わず、退去しない場合は、警察に通報

　なお、ほとんどの庁舎管理規則では、職員に対する面談強要や庁舎内における居座りは禁止行為とされ、退去を命ずることができる旨、定められていますので、確認しておくとよいと思います。また、このような居座り、不退去は刑法の不退去罪（刑法第130条）が成立しますので、毅然と退去の手順を実行し、躊躇することなく警察に通報すべきです。

　このような退去の手順を、マニュアルなどで具体的に示しておかないと、どのように対応したらよいかわからず、閉庁時間を過ぎても延々と居座られたり、不退去が常態化したりしますので、退去手順の明文化は必須です。

　居座りが常態化してしまうと、退去命令や警察への通報・警察官の臨場も、居座りの抑止にあまり効果が期待できなくなりますので、退去命令や警察への通報は、初回から遅くとも３回目くらいまでの居座り行為のうちに、実行する必要があります。

　目安としては、１時間を超える居座りや、閉庁時間を超えて居座るような場合は、速やかに退去の手順に着手すべきです。

こういうケースには…

庁舎内から押し出す実力行使は認められるか

　このような居座り行為に対して、退去命令を発令したにもかかわらず、退去しようとしない住民を、窓口や庁舎内から押し出すという実力行使は許されるのでしょうか。

　この点、判例（「公務執行妨害、傷害被告事件」東京高裁昭和51年2月24日判決）は、官公庁の庁舎管理権を根拠として、以下のとおり判示しています。

　「庁舎管理権は、単なる公物管理権にとどまるものではなく、公物管理の側面から、庁舎内における官公署の執務につき、本来の姿を維持する権能を含むものであり、一般公衆が自由に出入りし得る庁舎部分において、外来者が喧騒にわたり、官公署の執務に支障が生じた場合には、官公署の外に退去するよう求める権能、およびこれに応じないときには、官公署の職員に命じて、これを庁舎外に押し出す程度の排除行為をし、官公署の執務の本来の姿を維持する権能をも包含しているものと解すべきである。」

　このように、退去命令に従わない住民を、押し出して退去させる程度の実力行使は許されるとされています。

　しかし、基本的にこのような実力行使は、警察に通報して臨場した警察官によってなされるべきでしょう。職員がこのような実力行使をすると居座った住民から「職員に暴行を振るわれた」などと主張され、逆に警察に被害届を出されたり刑事告訴される場合があるからです。

　ただし、職員による庁舎外に押し出す程度の実力行使は、違法ではない、ということは、覚えておくとよいと思います。

事例
6

公立病院における患者の執拗なクレーム

患者の主張

予約した時間より30分以上待たされた。順番が来たことを告げに来たスタッフは「お待たせしました」の一言もない。この病院はいまだに「患者を診てやっている」という意識だ。院長の意見を聞きたいから院長に会わせろ。次回の診療の際に、院長が謝罪しろ。

状況

当日、急患が入ったため、担当医師がその対応に当たり、予約の診療時間にずれが生じた。予約の時間が前後することがあることは、受付窓口で表示されている。順番を告げるスタッフは、予約時間が遅れたことについて謝罪していない。

想定問答　　　　　要求する患者　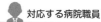対応する病院職員

●**病院受付窓口**

🧑 **患者**　おい、予約した時間よりも30分以上待たされたのに、なんで、お待たせして申し訳ありませんの一言もないんだよ。

🧑 **職員**　**申し訳ありません。本日、担当医師に急患がありまして、予約時間がずれ込んで大変お待たせしました。**

患者　お前のところの病院は、いまだに患者を診てやるという意識なんだろう。

職員　お呼びしたスタッフから、お待たせしたことにお詫びの言葉もなかったことに関しては、十分に注意して、今後、失礼のないようにいたしますので、ご容赦いただけますでしょうか。

患者　お前は、ここの責任者か。

職員　事務長をしております。

患者　お前じゃ、ダメだ。院長の考えを聞きたいから院長に会わせろ。院長を呼べ。

職員　院長は診療中で、このあとも診療が続きますので、私が代わりにお詫びいたしします。

患者　（大声で）お前じゃだめだ。院長を呼べって言ってるだろ。

職員　今、院長がお会いすることはできません。大声を出すと他の患者さんの迷惑になりますので、おやめください。

患者　お前何様のつもりだ。（激高して事務長の胸ぐらをつかんで揺さぶったうえ、突き飛ばす）

職員　暴力はお止めください。

患者　お前の対応が悪いからだろ。

職員

病院内で、このようなことをされますと他の患者さんも恐怖を感じますので、今後絶対におやめいただけますか。

患者

今日の診察はもういい、この次の予約の日に院長が謝罪しろ。いいか、今度は待たせるなよ。（言い捨てて帰る）

こういうケースには…

医療機関における顧客主義

　最近、医療の現場では、際限ないサービスを要求する患者が増えており、医療機関を悩ませています。

　医療スタッフの対応について、1時間、2時間と延々、大声で文句を言い続け、時に暴力をふるう、医師に対して誹謗中傷と思える暴言を吐く、というような耐え難いケースも、目立つようになってきています。

　医療機関におけるこの様なハードクレームが増えたのは、医療機関にも顧客主義が急速に浸透したことが大きいと思います。患者を○○様と呼ぶことにみられるように、医療はサービス業であり、患者はお客様であるという見方が、医療機関と患者の双方に広がりました。

　医療機関が患者志向を心がける、医師と患者は対等であるという理念は素晴らしいのですが、クレーマーとなっている患者の際限ない要求を受け入れたり、暴言・暴力を放置すれば、医療機関は崩壊しかねません。

　このような医療機関を崩壊させかねない患者を、医療機関は拒絶することはできないのでしょうか。

　民間企業であれば、業務に支障をきたす行為を止めようとしない悪質なクレーマーには、サービスを提供しないことや、来店禁止などを通告して関係を絶つことができます。企業には顧客を選ぶ自由（営業の自由）があるので、その選別が不当な差別でない限り許されます。

医療機関の診療義務

　ところが、医療機関は民間企業と違い、診療義務があります。医師法第19条1項は「診療に従事する医師は、診療治療の求めがあった場合には、正当な事由がなければ、これを拒んではならない」と定め、正当な事由がなければ、診療治療を拒めないとされているのです。

　この診療義務が、医療機関におけるハードクレーム対応との関係で悩ましいのです。

　例えば、ハードクレームではありませんが、医療費未払いなどは、ここにいう「正当事由」には当たらないとされています。

　それでは、医療機関がクレーマーを拒絶してよい場合、すなわち、診療を拒絶できる正当な事由があると判断される場合は、どのような場合なのでしょうか。

　このケースのように、医療機関の対応に対する苦情を、執拗かつ暴力的に続け、医療現場を混乱させる患者は少なくありません。

　今後、この患者の不当要求や暴力が続くような場合、病院は、この患者の来院を拒絶することができるでしょうか。

相応の謝罪以上の（院長への）謝罪要求は、断るべき

　この患者のクレームは、医療機関のスタッフの接遇に関するもので、謝罪の言葉が足りないのであれば、事務長が病院を代表して謝罪すれば相応の謝罪をしていることになります。にもかかわらず、院長からの謝罪を求め続けるとすれば、それは過剰な謝罪要求であり、不当要求です。

　したがって、院長からの謝罪は、仮に院長が診療中でなくても、断るべきです。

こういうケースには…

院内暴力への対応

　ところが、この患者は、納得せずに大声を出して、他の患者に恐怖感を与える、さらには、事務長に暴力をふるうという行為に及んでいます。

　このような行為は、医療機関の診療行為に必要な平穏な秩序を破壊する行為ですので、このような行為を看過してはいけません。

　まず、大声を出されたときは、速やかに「他の患者さんが恐怖を感じますので、声のトーンを落としていただけますか」と言って、制します。

　「他の患者さんに迷惑」と言うよりも「他の患者さんが恐怖を感じる」と言った方が、現実に近いですし、大声を制するインパクトがあると思います。

　突き飛ばすなどの暴力が振るわれた場合は、直ちに、「暴力はおやめください」と言って強く制します。

　ここで、厳しく注意しないとこのような暴力行為は常態化します。

　この患者が、制止を聞かず大声や暴力を継続したり、次回診療時においても大声を出したり、暴力を振るうようであれば、医療機関の診療行為に必要な平穏な秩序を、破壊する行為を止めようとしないことを理由に、来院を拒絶する、診療を拒絶する正当事由があるといえるでしょう。

　ちなみに、暴力行為に至っていない事案ですが、埼玉県内のある市立病院で、入院中の患者の家族が、院内で過剰なクレームや誹謗中傷を長期にわたり繰り返したため、病院がこの患者の家族に対し、医療妨害禁止の仮処分を裁判所に申立て、「医師や看護師を大声で畏怖させ、虚偽の誹謗中傷で診療行為を妨害してはならない」とする医療妨害禁止の仮処分決定が出されています（さいたま地裁越谷支部平成20年３月25日決定）。

事例

7　身分証明書の不所持と
印鑑登録手続

住民の主張

印鑑登録手続で、30分待たされた。自宅の売却で今日、印鑑登録証が必要。公的な顔写真付身分証明書がないと、即日交付できないというのはおかしい（本人ということは証明できる）。納得できないから、上司を呼べ。印鑑登録証明書を交付してもらうまで帰らない。

状　況

当日は月末と週末が重なり、窓口が混んでいた。顔写真付の公的な身分証明書の提示がなければ、印鑑登録証明書の即日発行の手続はできない規則となっている。

想定問答　　　　　　　　　 要求する住民　 対応する職員

●各種証明書発行窓口

職員
番号札57番の方。お待たせしました。

住民
いつまで待たせるんだ。もう30分も待たされたぞ。

職員
申し訳ございません。本日、月末と週末が重なりまして、窓口が大変混み合っていて、皆様にご迷惑をおかけしております。

住民　お前らがダラダラしているからじゃないか。前に住んでた○○市じゃ、こんなに待たされなかったぞ。もっとてきぱきと仕事をこなせよ。

職員　**誠に申し訳ございません。（申請書を見て）印鑑登録のお手続きでしょうか。**

住民　そうだ、午後3時に自宅を売却する契約があるから、今すぐ印鑑登録したい。

職員　**身分証明書をお持ちですか。**

住民　（市立図書館の図書カードを提示する）

職員　**誠に申し訳ありませんが、印鑑登録には、顔写真付きの身分証明書が必要です。運転免許証などはお持ちではないですか。**

住民　免許は持っていない。スポーツクラブの会員証が写真付きなので、これでいいだろう。

職員　**申し訳ありませんが、公的な身分証明書をお願いします。**

住民　どうしてだ。顔写真で本人と確認できるだろ。

職員　**私ども××市の規則では、運転免許証やパスポートなど、公の機関が発行している顔写真付きの身分証明書で、本人確認をすることになっておりますので、申し訳ありませんが、スポーツクラブの会員証では、本人確認はできないんです。**

住民　そんなのおかしいだろう。複数の会員証を持っていて、顔写真付きのものもあるんだから、本人と証明できているだろう。

職員　規則で定められている公的な身分証明書ではなく、会員証など様々なものから職員が個々に本人確認をすれば、会員証の偽造などによって、本人以外の申請で印鑑登録をしてしまい、本人に重大な損害を発生させる可能性がありますので、ご理解ください。

住民　だから、俺が本人なんだよ。本人が来て印鑑登録しようとしてるのに、申請を突き返すのかよ。契約できなければ、違約金とられるかもしれないんだぞ。

職員　ご事情が大変なことはわかりますが、規則に違背して印鑑登録をすることはできかねます。

住民　絶対に納得できない。上司呼べよ。

職員　申し訳ありませんが、規則に基づいて申し上げておりますので、上司を呼ぶことはいたしません。

住民　印鑑登録してくれるまで、この窓口から動かないからな。

職員　申し訳ありませんが、ほかの方の申請をお受けしなければなりませんので、お引き取りください。

住民　だめだ。

職員　お引き取りいただけないと、守衛を呼ぶことになりますが、よろしいですか。

住民　呼んでみろよ。

職員 （他の職員に、庁舎管理係を呼んでもらう）
　　　（庁舎管理係と守衛が来て、住民を窓口から引き離し、退去を求める）

対応のポイント

待たせたことについては、率直に謝罪する

　繁忙日に窓口で住民を待たせてしまうことは、よくあるかと思いますが、「お待たせして申し訳ありません」と苦情を言われる前に謝罪から入ることが大切です。「お待たせして申し訳ありませんの一言もないのか」と言われて、そこからハードクレームに移行することがあるからです。

こういうケースには…

公的な本人確認書類が必要な場合

　印鑑登録証明書を即日交付するためには、印鑑登録証明事務取扱規則等で登録印のほか、本人確認のための必要書類として、運転免許証やパスポート、マイナンバーカードなどの「官公署の発行した免許証、許可証等で、本人の顔写真に浮出しプレスによる契印のあるもの、または特殊加工したもの」を必要としている自治体が多いと思います。

　窓口で印鑑登録申請をする住民の中には、このような身分証明書を持参せずに、印鑑登録証明書の即日交付を求めることがあります。

　この場合は、即日交付をお断りせざるを得ないのですが、「規則でそうなっています」というだけでお断りすると、「そんな規則はおかしい。俺が本人であることは（別の書類で）証明されている」という反論を受け、そこから、「規則です」「そんな規則はおかしい」と言った堂々巡りの議論になってしまいます。

対応のポイント

「規則」の趣旨（身分証明書が必要な理由）を説明する

　規則だからと言ってお断りするのではなく、「規則で定められている公的な身分証明書ではなく、会員証など様々なものから職員が個々に本人確認をすれば、会員証の偽造などによって、本人以外の申請で印鑑登録をしてしまい、本人に重大な損害を発生させる可能性があります」というように、規則が一定の官公署の発行した証明書を、本人確認書類としている理由を、簡潔に説明する必要があると思います。

　なお、各自治体によって、即日交付のために必要な本人確認書類の範囲には、若干差がありますので、「××市では、このように規定されています」といって、あらかじめプリントアウトした印鑑登録証明事務取扱規則等を示すのもよいかと思います。

　本事例のように、即日印鑑登録証明書が必要で、発行されなければ、大変な不利益を被るということを、申請者から言われる場合もありますが、申請をする住民の個別事情で、規則を曲げて運用することはできません。「ご事情が大変なことはわかりますが、規則に違背して印鑑登録をすることはできかねます」と告げて、はっきりとお断りします。

　これに住民が納得せず、「上司を呼べ」と言っても、職員は、規則に基づく対応をしており、「申し訳ありませんが、規則に基づいて申し上げておりますので、上司を呼ぶことはいたしません」と言って、お断りします。

　さらに、住民が納得せず窓口に居座るようであれば、このような居座りは、事務に支障をきたす行為であることは明らかですので、「申し訳ありませんが、ほかの方の申請をお受けしなければなりませんので、お引き取りください」と告げて退去を要請し、退去しない場合は、速やかに庁舎管理係に連絡して、退去の手順（事例5参照）に移行します。

障害者差別解消法に
反するとの執拗なクレーム

住民の主張

市から届いた通知書の内容が、理解できない。自分はアスペル
ガーである。障害者差別解消法では、障害に応じた合理的配慮を
しなければならない、とされているはずである。自分の疑問点に
関して、理解できるまで何時間かけても説明しないのであれば、
障害者差別解消法に違反するのではないか。

状況

前年度に不動産を相続した住民に、固定資産税の納付書と案内を
送付した。案内の個々の記載内容の文言の意味について、「理解
できない」「おかしい」などと主張し、窓口で閉庁時間を超えて
3時間以上説明を求め続けたので、翌日以降に来庁するようお願
いして、退庁をお願いした。

想定問答　　　　　　　　　 要求する住民　 対応する職員

●固定資産税課窓口にて

住民　なんで、昨日、私を追い返すようなことしたのよ？

職員　申し訳ありません。閉庁時間をかなり過ぎておりましたので、後日、
ご説明したほうがよいと考え、ご都合の良い日にまたお越し下さいと
お願いして、昨日はお引取りをいただきました。

住民

私は、アスペルガーなのよ。理解できない言葉や間違っていると思う言葉があると、先に進めないの。あなたたちは、こういう障害を持つ私に対して、私が、理解・納得するまで説明する義務があるんじゃないの。

職員

ですので、本日、ご来所いただきましたので、ご説明させていただきます。

住民

だから、そうじゃなくて、昨日、私を追い返したでしょうが。それが、障害者差別解消法に違反するんじゃないかって言っているの。

職員

障害者差別解消法で、私どもが障害に応じた合理的配慮をしなければならないと定められていることは存じております。ただ、当庁にも、閉庁時刻、窓口の対応時刻の定めもございまして、定められた時刻をかなり過ぎてしまいますと、後日に来庁をお願いする場合もございます。

住民

だから、それが差別だと言っているの。まず、昨日、差別があったという事実を認めなさい。その後で、案内の納得できない箇所の説明をしなさい。

職員

申し訳ありませんが、昨日の私どもの対応が、障害者差別解消法に反する差別があったものとは、考えておりません。

住民

差別でしょ。私がまだ納得していないのに帰らせたんだから。

職員

私どもも、障害に応じたできうる限りの配慮をさせていただこうとしておりますが、施設管理上、また、職員の労働時間の問題などから一定の制約がございます。そのような制約の中で、昨日は、閉庁時間を大幅に過ぎて、ご説明の対応をさせていただきましたので、障害者差

別解消法に反する対応であったとは考えておりません。

（以後、障害者差別解消法に「反する、反しない」のやり取りが1時間ほど続く）

職員

ご理解いただけず、申し訳ありません。よろしければ、案内のご説明をさせていただきたいのですが、いかがでしょうか。

住民

あんたがそういう態度だったら、市長に抗議文を書くから。いいわね。

職員

ご理解いただけず、残念です。

住民

（足早に立ち去る）

こういうケースには…

自治体の書面（行政文書）についてのクレーム

　自治体が住民に対して送付する書面に「内容が理解できない」、あるいは、日本語として間違っているといったクレームを言い続け、職員が長時間説明をしても、納得をしない人がいます。

　確かに、行政機関の作成する文書は、わかりにくい場合があるのも事実です。公的な文書では、あいまいな表現とならないように、ときとして回りくどい表現となる場合もあります。

　そのような場合でも、職員が、わかりやすい言葉に言い換えたり、「要するに、…ということなんです」と簡単に言い換えたりすることで、ほとんどの住民は納得してくれるものと思います。

　しかし、中には、自分の考えに固執して、「そのような表現は間違っている」「これでは、住民は理解できない」と言って、延々と説明を求めたり、非難したり、文書の修正を求めてくる人がいます。

　多くは、文章や言葉に対するその人の独善的な解釈によるものですが、本事案では、住民が、自分はアスペルガーであると言っています。

アスペルガー症候群の特徴

　確かに、アスペルガー症候群の人の中には、文章の文言にこだわって、そこから抜け出せなくなる人がいるようです。

　私が対応したアスペルガー症候群の人で、店舗のスタッフが午後の「7時」を「しちじ」ではなく、「ななじ」と言ったことで、そのスタッフを2時間以上叱責し続けた人がいました。また、相手の心情（内心）を理解することが苦手な人が多く、上記の人は、そのスタッフが「泣きながら、自分に感謝していた」と語っていました。

　このように、アスペルガー症候群の人の中には、あることにこだわりを持つ結果、職員が、長時間の対応を余儀なくされることがあります。事務に支障をきたすような場合は、このような特質に配慮しつつ、限界設定をする必要があります。

求められるのは、障害に応じた「必要かつ合理的配慮」

　平成28年4月1日から施行された障害者差別解消法では、「社会的障壁の除去は、それを必要としている障害者が現に存し、かつ、その実施に伴う負

担が過重でないときは、それを怠ることによって、障害を理由とする差別等にならないよう、その実施について必要かつ合理的な配慮がなされなければならない」と定め、この必要かつ合理的配慮に関しては、国及び地方自治体は法的義務を負います。

しかし、求められるのは、「必要かつ合理的配慮」であって、当該障害者が要求する、あるいは、納得するまでの配慮ではありません。

自治体の施設的限界及び労働者である職員の人的限界は、当然あるのであって、それを超えて、納得するまでの配慮を執拗に求め続け、事務に支障をきたすのであれば、不当要求といわざるを得ません。

まずは、障害に応じた合理的配慮を可能な限り行っていくことを申し述べ、しかしながら、施設的限界及び人的限界について理解を求めていきます。

その過程で、障害者差別解消法に反するとの主張を受けた場合は、当たり障りのない言葉でお茶を濁すのではなく、「私どもも、障害に応じたできうる限りの配慮をさせていただこうとしておりますが、施設管理上、また、職員の労働時間の問題などから一定の制約がございます。そのような制約の中で、昨日は、閉庁時間を大幅に過ぎてご説明の対応をさせていただきましたので、障害者差別解消法に反する対応であったとは考えておりません」というように率直に回答すべきです。

そのうえで、「ご理解いただけず、申し訳ありません。よろしければ、案内のご説明をさせていただきたいのですが、いかがでしょうか」と申し向けて、限界はあるけれども、真摯に対応していくという姿勢を見せるのがよいと思います。

今後、障害者からのクレーム対応において、求められる必要かつ合理的配慮とはどういうものかを、各自治体・各部署で検討していく必要があると思います。

事 例
9
近隣環境（生活騒音）に
関する執拗な苦情

住民の主張

自分は県営住宅に住んでいる。隣の居住者の戸の開け閉めがうるさい。注意してやめさせろ。やめないようなら、県の費用負担で、別の居室に引っ越しをさせろ。

状 況

騒音の苦情を受けたため、対象住戸と周辺住戸の聞取りをおこなったが、通常の生活騒音の域を超えるような音ではない。「生活騒音にはご配慮ください」とのお願いの文書を、各住戸にポスティングし、そのことを住民には報告している。住民は隣の居住者のドアを木刀で強く叩く、などの嫌がらせをしている。このような理由での県営住宅内での転居の費用を、県が負担することはできない。

想定問答 要求する住民　対応する職員

●**県営住宅課窓口にて**

住民　昨日また、うるさく戸を閉めた。気になって眠れなかった。お前ら、もっと、厳重に注意して、絶対にうるさくしないようにさせろ。

職員　私どもが、対象の住戸と周辺住戸に聞き取りをしましたが、対象住戸は高齢者ご夫婦がお住まいで、戸の開け閉めについては、○○さんか

ら激しい抗議を受けているので、気を付けているとのことでした。また周辺住戸の方々は、特に戸の開け閉めの音は気にならないとおっしゃられています。

このような生活上の音は、ある程度発生することは止むを得ませんので、これ以上の配慮を対象住戸の方にお願いすることは、いたしかねます。

住民　お前ら、騒音計で計測したのか。

職員　**しておりません。**

住民　だったら、やむを得ないと言うな。俺が、うるさいって言ってるんだから、お前らは、俺が納得するまで対応する義務があるだろう。

職員　周辺住戸への聞き取り調査の結果から、騒音計での計測は必要ないものと考えております。騒音に対する感受性は、人によって差がありますが、通常の方が社会共同生活において甘受すべき、いわゆる受忍限度を超える騒音には、至っていないと思われます。

ですので、これ以上、対象住戸の方に対する働きかけは、対象住戸の方へ、過度の負担を強いることになりますのでいたしかねます。

住民　だったら、お前らの費用で、最上階の部屋に転居させろ。

職員　県営住宅内での転居には、一定の要件がありますので、今回の件では、転居の申請をお受けすることはできません。また、転居が認められる場合であっても、引っ越し費用を県が負担するということはできません。

住民　そんな態度なら、毎日、隣のやつのドアを木刀で叩くことになるが、それでいいんだな。

職員　隣の居住者の方への大変な迷惑行為になりますし、木刀でドアを叩かれますと県営住宅の毀損行為となりますので、絶対におやめください。

住民　騒音をやめさせないお前らのせいだろ。

職員　そのような行為をされた場合は、しかるべき対応をさせていただくことになりますので、おやめください。

住民　しかるべき対応ってなんだよ。

職員　○○さんがなされた行為に応じて、当方で判断することになります。

住民　ふざけんな。やれるもんならやってみろよ。（と言って、職員に詰め寄る）

職員　申し訳ございませんが、平穏なお話合いができないようですので、お引き取りください。

住民　（職員をにらみつけて立ち去る）

こういうケースには…

生活騒音の苦情について

　県営住宅など公営住宅の居住者が、周辺住戸の生活騒音等で自治体の担当課等に、苦情を申し出ることがあります。

　このような場合はまず、対象住戸及び周辺住戸に聞き取り調査をしてどの

程度の騒音が発生しているのか、その頻度はどの位かなどを確認する必要があります。

このような事実確認をしないで、「生活騒音ですから、お互いに配慮をしてお過ごしください」などと返答すると、「住民から苦情があっても、お前ら何もしようとしない」「役所の怠慢だ」等と怒りに火をつけてしまうことになります。

公営住宅には、築年が古い住戸も多く、戸境壁や床スラブ厚が、近年のマンションに比べて薄い場合があります。このような集合住宅では、居住者がそれぞれ、生活音に気をつけながら、一定の生活音については、相互に許容しあうことが求められます。

ところが、騒音の問題に関しては、感受性に個人差があり、人によっては、それほどの音でなくても、執拗に「騒音がひどい」と言って抗議を続けることがあります。

本件では、対象住戸及び周辺住戸の聞き取り調査から、いわゆる受忍限度を超える騒音は、発生していないものと考えられます。

こういうケースには…

執拗な生活騒音の対応要求が続く場合

にもかかわらず、住民は執拗に職員に対応を求め続け、対象住戸に対しても、不穏当な迷惑行為をしています。

このような場合、

①周辺住戸の聞き取り調査など必要な調査をしていること

②対象住戸の居住者も音には気をつけていること

③その結果、いわゆる受忍限度（当該住宅周辺の環境、住居の構造等から、通常の合理的な人であれば、社会共同生活を営む上で、当然甘受するであろう限度）を超えるような騒音が発生しているとは認められないこと

④生活音に配慮を求めるよう各居住者に、「お願い」の文書を配布していること

などを住民に告げて、理解を求めます。

それでも、住民が納得しない場合は、「これ以上の対象住戸への働きかけは、対象住戸の方に過度の負担を強いることになるので、いたしかねます」と言ってお断りします。

そして、住民が対象住戸の居住者へ迷惑行為をするような言動をした場合は、看過せずに「大変な迷惑行為となりますので、絶対におやめください。」と言って制します。

騒音問題を含めて、環境問題に関するクレームが、自治体にもたらされることが増えているようですが、まずはしかるべき現地調査をし、それが受忍限度を超えるものなのかを検討します。その結果、まったく受忍限度を超えるものではないと判断される場合は、関係者相互に配慮を求めるなどの対応をします。

それでも、それ以上の対応を執拗に求め続けるような場合は、社会的相当性を逸脱する要求として、お断りしたうえ、交渉を打ち切るほかありません。

事例 10　職員の過誤説明に対する賠償要求と執拗な謝罪要求

住民の主張

印鑑登録証明書の日付が、3か月以上前のものだったので、窓口職員に「印鑑証明書に有効期限はあるのか」と尋ねたら、「印鑑が変更されない限り、印鑑証明書は有効です」と言われた。その後に、母親の公正証書遺言の作成で公証役場に行ったところ、委任状に添付する印鑑登録証明書が、3か月以内のものではないと言われ、受理されなかった。当日作成する必要があったので、タクシーで再度、窓口に来て、印鑑登録証明書を取得し、公証役場に行かなくてはならなかった。往復のタクシー代3,000円と迷惑料を払うか、迷惑料を払わないのなら、謝罪文をだせ。

状況

対応した新人の窓口職員は、職員研修で、「印鑑が変わらない限り、印鑑証明書自体の有効期限というものはないが、登記所や公証役場、金融機関などの提出先から、○か月以内のものと指定される場合がある」と習っていたが、具体的に何か月以内として指定されるのか、覚えていなかったので、とっさに「印鑑が変わらない限り、印鑑証明書自体の有効期限というものはない」とだけ答えてしまった。住民からクレームを受けた職員は、新人の職員に事実を確認したうえで、謝罪をした。職員の過誤説明の場合に、住民が負担した交通費を支払う手続はない。

想定問答　　　　　　　　　 要求する住民　 対応する職員

● **各種証明書発行窓口にて**

住民
午前中、印鑑証明書の有効期間を尋ねたら、有効期間なんかないと言われて、公証役場に行ったら、3か月を過ぎてるって突っ返されたぞ。今日中に公正証書遺言を作らなきゃならないから、タクシーで往復だ。どうしてくれる。

職員
公正証書作成を、代理で作成される際の委任状と、一緒に提出する印鑑証明書で使用された、ということですか。

住民
そうだ。

職員
その場合、3か月以内の印鑑証明書の提出を求められますが、公証役場から、その旨の説明がありませんでしたか。

住民
そんなの知らねえよ。お前のところの職員が、有効期間なんかないっていうから、信じてそのまま公証役場に行ったんだよ。

職員
その職員が誰だか、覚えてらっしゃいますか。

住民
あそこに座ってるやつだよ。

職員
少々お待ちいただけますか。（その職員のところへ行き、事実関係を確認する）

職員
誠に申し訳ございません。印鑑の変更がない限り、印鑑証明書に特に有効期間はない、というのは間違いではないんですが、ほとんどの場合、提出先から何か月以内のものと指定されますので、対応した職員

はその点を確認すべきでした。

👤 住民　ミスを認めるんだな。じゃ、往復のタクシー代3,000円と急がせた迷惑料を払ってもらう。

👤 職員　**申し訳ございません。交通費や迷惑料のお支払いは、ご容赦ください。**

👤 住民　ミスを認めたのに、どうして払えないんだ。

👤 職員　**今回の場合、職員の説明が至らなかったということは確かですが、基本的には、提出先から指定された期間内の印鑑証明書を、使用されるご本人が取得するものでございます。ですので、職員の説明不足があったとしても、直ちに私どもに過失があるかどうかは判断ができません。また、このような場合に交通費を支払うという手続がございませんので、ご容赦いただけますでしょうか。**

👤 住民　そんなの知らないよ。説明不足で住民に損害を与えたんだから、賠償するのが当たり前だろ。

👤 職員　**申し訳ございませんが、賠償金をお支払いすることはできません。**

👤 住民　おかしいだろ。だったら、間違った説明したあの野郎に払わせろ。

👤 職員　**申し訳ありませんが、市の職務遂行として行っておりますので、職員個人が賠償することはできないんです。**

👤 住民　だったら、市長が謝罪文を書け。

職員 **職員の説明不足につきましては、既に先ほどから謝罪させていただい
ておりますので、市長が謝罪文を書くことはできません。**

住民 ふざけるな。ミスして、何にもなしか。

職員 **誠に申し訳ありません。**

住民 だったらあいつをクビにしろ。

職員 **申し訳ございません。今後このような説明不足がないよう、注意いた
します。**

住民 あんな野郎のために、税金払ってると思うと腹が立つ。

職員 **大変ご迷惑をおかけして申し訳ございません。このようなことがない
よう、私ども、心がけてまいりますので、どうかご容赦ください。**

住民 まあ、あんたがミスしたわけじゃないからな。あいつによく言っとい
てくれよ。

職員 **申し訳ございませんでした。**

住民 （立ち去る）

こういうケースには…

印鑑登録証明書の有効期限

　印鑑の変更がなければ、法的に印鑑登録証明書が無効となることはありません。しかし、ほとんどの場合、印鑑登録証明書は提出先から求められて、窓口に発行を申請するものであり、提出先からは、「〇か月以内のもの」と指定されています。

　にもかかわらず、申請窓口に来た住民に対して、「印鑑証明書に有効期間はない」と告げるのは、説明不足というよりも、過誤説明といってよいでしょう。

対応のポイント

提出先から指定された印鑑登録証明書を取得するのは、本人の責任

　しかし一方で、提出先は必ず、提出者に対して、「発行後〇か月以内のもの」と指定しているはずであって、このような印鑑登録証明書を取得して提出するのは、本人の責任といわなければなりません。

　ですので、過誤説明をした職員にも過失がありますが、住民にも相当の過失があるといえるでしょう。

対応のポイント

過誤説明のために要した費用を支払う手続は、通常ない

　法的には、過誤説明をした職員に過失が認められ、過誤説明と相当因果関係のある損害については、自治体が賠償義務を負うことになります（国賠法1条1項）。

　ですが、ほとんどの自治体には、このような過誤説明をした場合に、住民が負担した交通費などを、賠償する手続はありません。

　住民がどうしても賠償してほしいというのであれば、裁判を起こすほかな

いうことになります。しかし、わずか、数千円の損害賠償請求のために裁判を起こすというのは、現実的ではありません。

　また、過誤説明と相当因果関係のある損害の範囲はどこまでなのかということも問題となります。タクシーを使う必要はあったのか、往復に要する時間のために会社を休んだら休業損害が発生するのか、などといった微妙な問題もあります。

　このため、本件のような場合は、職員が真摯に住民に謝罪し、理解を求める（諦めてもらう）ほかないのです。

対応のポイント

職員個人は賠償義務を負うものではない

　また、仮に、職員に過失があった場合でも、自治体が賠償責任を負うのであって、職員個人は住民に対し責任を負わないとされています（「損害賠償請求事件」最高裁昭和46年9月3日判決）。ただし、職員に故意または重過失がある場合は、自治体は職員に対して求償することができます（国賠法1条2項）。

　ですから、住民から過誤説明をした職員個人が賠償を求められても、個人的に住民に賠償するのは、適切ではありません。「市の職務遂行として行っておりますので、職員個人が賠償することはできません」と言ってお断りします。

対応のポイント

相応の謝罪がなされている場合、謝罪文はお断りする

　本件では、住民は、市長の謝罪文を要求していますが、住民にも相当の過

失があり、既に口頭で相応の謝罪がなされておりますので、謝罪文の要求は
お断りすべきです。

　ただ、職員の説明不足が一因で、不必要な支出を住民にさせたのですか
ら、過誤説明をした職員の上司が、「今後このようなことがないよう十分注
意します」と謝罪を繰り返して、住民に理解を求め続ける必要があると思い
ます。

事例

11

滞納処分に抗議をする住民

住民の主張

突然、大勢の職員が家に押しかけ、家探しをした。市民税を滞納しているのは事実だが、いきなり差し押さえをするのは人権侵害だ。人権侵害を認めて、謝罪しろ。

状況

住民税を2年以上滞納しているので、督促、催告の通知や電話での督促を繰り返していた。「支払う余裕はない」との回答を繰り返しているが、住民は飲食店を経営しており、専業主婦の妻は高級外車を所有し、長男、長女は二人とも私立中高に通学している。本人名義の預貯金・不動産はないが、資産があると思われたため、自宅を捜索し、絵画を差し押さえた。

想定問答　　　　　　　　　 要求する住民　 対応する職員

●市民税課窓口にて

住民

いきなり、差し押さえしやがってどういうことだ。

職員

申し訳ありませんが、今回の差し押さえ前に、督促、催告の通知をお送りしておりますし、電話で、何度も納付のお願いをしておりますので、「いきなり」ということではありません。

住民　今日、差し押さえするなら、来る前に連絡くらい入れろ。子供たちのいる前で差し押さえされて、俺がどんな気持ちだったと思う。

職員　**差し押さえの当日に連絡を入れると、財産の隠匿のおそれがありますので、連絡は通常入れないんです。**

住民　お前ら、勝手に部屋に入って、家探しして、プライバシーの侵害だろ。

職員　**法令によって、滞納者の事前の許可なく捜索することが認められております。**

住民　法令で認められているからって、部屋の中のタンスまで開けるのはやりすぎだろう。俺のかみさんが「ひどい。ひどい」って大泣きしてたの見ただろう。

職員　**お気の毒ですが、同居のご家族の拒絶を理由として、捜索を中止することはできません。**

住民　滞納したのは、俺で、かみさんじゃないだろう。

職員　**滞納者の自宅である以上、捜索する必要があります。**

住民　とにかく、俺のかみさんはショックを受けて、寝込んでるんだから、お前ら謝罪にこい。

職員　**お気持ちはわかりますが、法令に基づく適法な捜索ですので、謝罪することはいたしかねます。**

住民　お前ら、血の通った人間か。感情がないのか。

職員　**私どもも、住民の方々の生活にかかわる地方財政を支えるべく、必要な税金を徴収しております。その点をご理解いただき、今後は、滞納されないようお願いいたします。**

住民　偉そうにぬかすな。（吐き捨てて立ち去る）

対応のポイント

滞納処分が「いきなり」ではないことを、丁寧に説明する

　滞納処分を受けた住民から、職員が激烈な抗議を受けることがよくあります。このようなとき、住民は冷静さを欠いていることが多いので、注意が必要です。

　2013年に発生した宝塚市役所における殺人未遂及び現住建造物放火事件も、差し押さえに不満をもつ滞納者によるものでした。

　まず、既に督促や通知がなされていたとしても、差し押さえを受けた住民は、「いきなりやられた」と感じていますので、そのような感情に配慮したうえで、「申し訳ありませんが、督促、催告の通知や、電話での納付のお願いもしておりますので、いきなりという訳ではありません」と丁寧に指摘します。

　次に、自宅の捜索を受けた滞納者は、家族などのいる前で捜索・差し押さえをされた場合、家族に対して面目がつぶれているので、「どうして差し押さえの前に、連絡を入れない」と抗議することがあります。

　その場合も、一刀両断に「差し押さえの前に、連絡などしない」と切り捨てるのではなく、「差し押さえの当日に連絡を入れると、財産の隠匿のおそれがありますので、連絡は通常入れないんです」と理由を付して説明します。

捜索はプライバシーの侵害、と主張された場合

それでも納得できない滞納者は、「捜索はプライバシーの侵害」というような主張をする場合があります。

捜索は、差し押さえをする財産を見つけるために必要な行為ですので、「法令上認められており、プライバシーの侵害とはなりません」と簡潔に答え、「プライバシー侵害になる、ならない」の議論はしないようにします。

滞納者の感情を理解し、丁寧な対応をする

また、滞納者の家族がいる状況で、自宅の捜索をすると、家族がショックを受けてしまうことがよくあります。このことを、滞納者が非難してくる場合がありますが、それに対して、「そもそも、あなたが滞納するからこうなったのだ」などという直接的な非難は、すべきではありません。

そのようなことは、滞納者自身、よくわかっていることですので、「ご家族にはお気の毒ですが、同居のご家族の拒絶を理由として、捜索を中止することはできません」としたうえで、「私どもも、住民の方々の生活にかかわる地方財政を支えるべく、必要な税金を徴収しております。その点をご理解いただき、今後は、滞納されないようお願いいたします」と婉曲に指摘します。

差し押さえを受けた滞納者の感情を理解し、本件のような理由のない抗議であっても、丁寧な対応をすることが必要です。

事例

12

器物損壊で逮捕・拘留され、不起訴となった住民の暴力的交渉と土下座の要求

住民の主張

窓口で対応した職員の態度が悪いので、自分が帰り際にドアをけってドアのガラスを割ったところ、警察に通報され、逮捕・拘留された。検察庁では、職員の態度が悪いから、ドアを蹴って開けたが、ドアのガラスを割るつもりはなかった、と話したら、結局、不起訴になった。無実の罪だった、窓口職員を出せ。拘置所で裸にされて、屈辱を味わった。お前も裸になれ。裸になるのができないなら、土下座しろ。

状況

市の法律相談の受付窓口に、予約なく、相談時間終了間際に来た住民に、職員が本日の相談時間は終了です、と告げたら、「まだ、10分あるだろう」と怒鳴られた。相談時間を告げ、「予約制となっていますので、あらかじめ、予約のお電話を頂けますか」と言うと、「お前らそんなに偉いんか。どうせ、三流弁護士しかおらんのだろ。こんなとこ、もう来るか」と怒って、ドアの窓ガラスを強くけったため、ガラスが割れて飛散した。器物損壊となるため、別の職員が110番通報したところ、窓口職員に、「てめえ、警察呼んだらただじゃおかねえぞ」と詰め寄り、絡み続けていたが、臨場した警察官に、現行犯逮捕された。しかし、警察・検察庁で、窓ガラスを壊すつもりはなかったと主張し、器物損壊の故意を否認したため釈放され、その後、不起訴処分となった。

要求する住民　　 対応する職員

想定問答

●自治体法律相談窓口にて

住民

おい、この前、110番通報したのはお前か。

職員

はい。どのようなご用件でしょうか。

住民

どのようなじゃねえ。無実の罪着せやがって。どうしてくれる。

職員

申し訳ありませんが、○○さんがドアをけって、ドアの窓ガラスを割ったので、110番通報させていただきました。無実の罪と言うことではないと思います。

住民

不起訴になったんだよ。無実ってことだろう。

職員

不起訴の理由は存じ上げませんが、不起訴だから無実と言うことではないと思います。

住民

お前のせいで逮捕されたのは事実だろ。俺は、拘置所で裸にされたんだぞ。一生消えない屈辱を味わったんだ。お前もここで裸になれ。

職員

そのようなことをする理由はありません。

住民

お前のせいで裸にされたんだからな。110番通報したことを謝れよ。

職員

適正な110番通報だと思っておりますので、謝罪はいたしかねます。

住民

ただの謝罪じゃ納得しないからな。土下座しろ。

謝罪はいたしかねます。お引き取りください。

職員

土下座するまで帰らねえからな。（職員の胸倉をつかみ、土下座させようとする）

住民

お止めください。

職員
（他の職員が110番通報し、複数の職員が住民を止めに入る）
（その後、警察官が臨場し、住民を公務執行妨害の現行犯で逮捕する）

こういうケースには…

住民の暴力行為と110番通報

　職員が住民と対応している際に、住民が職員を殴る、あるいは庁舎施設を損壊する、という行為に出ることがあります。このような場合は、明白に犯罪が成立しますので（暴行、傷害、器物損壊）、躊躇なく、110番通報すべきです。明らかに犯罪となる暴力行為が行われたにもかかわらず、110番通報をしないと、このような暴力行為が常態化してしまうからです。

　周りの職員が役割分担をして、一人が110番通報し、他の職員は、住民と職員との間に割って入って住民を引き離すなど、速やかに対応するためには、日ごろからこのような暴力行為に備えて、訓練をしておく必要があるでしょう。

対応のポイント

暴力行為を行った事実を踏まえ、謝罪要求は毅然と断る

　ところが、暴力行為によって逮捕されても、必ずしも、裁判で有罪となる

とは限りません。起訴するほどの悪質性がないとして「起訴猶予」となったり、本件のように犯罪の故意を否認したために、「嫌疑不十分」として不起訴となる場合があります。

　しかし、「起訴猶予」も「嫌疑不十分」も、「嫌疑なし」ではないので、無実と言うわけではありません。ところが、暴力行為で逮捕された住民が、逮捕された腹いせに、本件のような暴力的謝罪要求をしてくることがあります。

　不起訴となったとしても、暴力行為を行ったことは事実ですから、いかなる謝罪もする必要はありません。毅然と謝罪要求は断らなければなりません。

　ここで、「不起訴になったから、110番通報は間違っていたのではないか」などと考え、謝罪してしまうと、不相当に過剰な謝罪要求や金銭要求に結びつきかねないので、注意が必要です。

こういうケースには…

土下座の強要は、刑法の強要罪となる

　職員に対する暴力行為を行うような人物は、職員に謝罪を求める場合、土下座を要求してきたりする場合があります。土下座のような謝罪は、謝罪者の人格を否定するものであり、いかなる場合でも拒絶すべきですが、土下座の要求が脅迫や暴行を伴ってなされると、刑法の強要罪（刑法223条）が成立します。

　本件では、職員の胸倉を突かんで（暴行）、土下座をさせようとしており、強要罪が成立します。また、「土下座しないなら、お前の家族に何があっても知らないぞ」（脅迫）などと言われた場合も強要罪が成立します。

　このように、土下座による謝罪要求を受けた場合は、いかなる場合でも毅然と断り、暴行・脅迫によって土下座を強要された場合は、直ちに110番通報すべきです。

第5章　万一、暴力が発生したら…
　　　　　　－組織的対応で、来庁者と職員を守る－

暴力発生リスクの認識の必要性

　2013年7月、兵庫県宝塚市役所で税の徴収をめぐって職員とトラブルとなっていた男が、税金の相談窓口のカウンターに火炎瓶を投げ込んで放火し、職員と市民に怪我をさせた事件は世間に衝撃を与えました。男は半年以上前から市役所を訪れた際に、職員を脅していたといいます。

　2015年11月には、東京都稲城市役所で放火事件を起こした男が現行犯逮捕されました。この男は同年9月中旬に、税金の督促などを担当する市役所の収納課に電話し、「殺すぞ。今行くから」などと女性職員を脅迫しており、11月の事件当日、職員を殺害する目的でサバイバルナイフを持って市役所を訪れ、職員の名前を叫んだとして、殺人予備容疑で再逮捕され、その後、威力業務妨害罪等で起訴されました。

　最近でも、2018年3月に石川県金沢市役所で、男が市役所3階と5階で職員4人を次々に刺して、銃刀法違反容疑で現行犯逮捕され、その後、殺人未遂容疑で再逮捕されています。

　近時、このような行政職員、特に税の徴収等を担当する窓口職員に対する重篤な被害をもたらす行政対象暴力が、多数報道されています。しかし報道されるのは重大な被害が発生するか、捜査機関が犯人を検挙した場合なので、そこまでには至らなくとも、重大な被害をもたらしかねない行政対象暴力は、各自治体の窓口等で、日常的に見られるものと思われます。

　行政窓口に勤務されている職員の方々は、まずは、自分たちがこのような重篤な被害にあう暴力を受ける可能性がある、ということを認識しておくことが必要です。

　というのは、普段からまさか自分が住民から「ナイフで刺されるようなことはない」「ガソリンをまかれて火を付けられることはない」などと考えていると、いざという際に、危機的状況を回避できず、攻撃をまともに受けてしまうからです。

　私も弁護士1年目の時に、事務所で執務中に、暴力団から催涙スプレーをかけられるという被害にあいました。

その当時の私は、「まさか暴力団といえども、弁護士に暴力を加えること
はないだろう」という認識でいたので、事務所に大勢、戦闘服を着た組員が
押しかけてきたにもかかわらず、「引っ越し業者だろう」などと思い、警戒
することなく、まともに目に催涙スプレーをかけられてしまったのです。全
く間の抜けた話なのですが、人間というのは、危機的状況に置かれたとき
に、「そんなことがあるはずがない」と思い込んでいると、咄嗟の判断や行
動ができないのです。

　ですので、繰り返しますが、行政窓口で勤務されている職員の方は、この
ような重篤な被害にあうような暴力を受ける可能性があるということを常日
頃、認識しておく必要があると思います。

最近の行政対象暴力の特徴

　最近の行政対象暴力の特徴として、3点ほど指摘できると思います。

最近の行政対象暴力の特徴①　行為者は、ほとんどが一般人

　まず、指摘できることは、第1章で述べたように、その行為者のほとんど
が一般人であるということです。

　かつて、傷害行為などの行政対象暴力というと暴力団などの反社会的勢力
によって行われるという印象がありましたが、今日では、反社会的勢力によ
る不当要求行為自体少なくなってきており、傷害行為などの行政対象暴力
も、ほとんどが一般人によってなされているのが現状です。

最近の行政対象暴力の特徴②　窓口業務、特に税の徴収窓口での発生が多い

　次に暴力の対象となっている部署は窓口業務、とりわけ税の徴収や生活保
護に関する窓口業務を担当する部署が、圧倒的に多いということです。

　これは、これらの窓口に訪れる人々が生活に困窮し、精神的に追い詰めら
れている状況にあるということが、その背景にあると思われます。

最近の行政対象暴力の特徴③　執拗な不当要求行為の最終手段として行われる

　そして、多くの行政対象暴力は、執拗な不当要求行為の最終手段として行われるということです。

　第3章で指摘したように、行政職員に対する一般市民による不当要求行為の特徴は、その執拗性と攻撃性にあります。行政職員の説明・説得に対して一向に理解を示さず、頑迷固陋に自身の主張を繰り返します。このような不当要求行為に対する交渉を、長期間続けることによる職員の精神的疲弊は著しいのですが、反面、行政対象暴力を行う側も、怒りのエネルギーをためこみ、それを行政対象暴力として爆発させているのです。

　宝塚市の事例でも、事件の数か月前から職員を脅していたことが報じられていますが、長期にわたる交渉の膠着が、暴力行為に飛躍する要因となるのです。

　特に、その当日か前日、激しくもめて、再び来庁したような場合が危険です。このような場合、報復目的で来庁している可能性が高いのですから、あらかじめ複数の職員で対応することを、心がけるべきでしょう。

行政職員は不当要求や暴力行為を受けやすい

　そもそも、行政職員は、民間企業の従業員と比較して、圧倒的に不当要求、特に暴力による攻撃を受けやすいのです。

　企業でも、クレーマーによる不当要求は増えてはいますが、行政窓口に見られる異常に執拗な不当要求はそれほど多くなく、対応担当者が暴力行為にさらされることは稀です。

　これは、第2章で指摘したように、本質的に行政サービスには、企業が提供する商品・サービスと違って対価性がなく、行政職員が公共の奉仕者として無限定な要求を受けがちであるということ、また行政サービスを受ける市民、特に税の徴収課等に訪れる市民が、精神的に追い詰められている場合が少なくないことに起因しています。

　行政対象暴力の対策を考えるに当たっては、まず、個々の職員、特に窓口

対応職員は、自身が職務に際して重大な暴力行為を受ける可能性がある、という事実を認識しておくことが必要です。このことが重篤な被害に至る可能性を、少しでも低くすることにつながるのです。

行政対象暴力を起こすハードクレーマーの心理的特質

　次に、このような行政対象暴力を引き起こすハードクレーマーの、心理的な特質を、理解しておくことが重要です。

　第3章で述べたように、ハードクレーマーは、独善的な思い込みの元に、自己中心的な極端な価値観に固執し、我田引水的な論理を展開します。しかも、往々にして社会制度に対する強い不満を持っており、時に病的な挫折感、孤独感を抱えています。

　このような心理的特質を持つために、無理・理不尽な要求でも当然のことのように執拗に要求しますし、職員の合理的な説明・説得には耳を貸そうとしません。そして、自身の不当要求、あるいは、事務に支障を与えるような声高な罵詈雑言、職員に対する脅しなどの不当な行為について、良心の呵責を感じていないのです。

　ハードクレーマーの行動に、経済的な合理性はありません。損得勘定で不当要求行為を行っているわけではないのです。ハードクレーマーの行動の本質的な目的は、実は不当要求そのものにあるのではなく、自身の病的な社会的不満、孤独感、挫折感の解消にあることが多いのです。

　そして、ハードクレーマーの要求を拒絶しながら、長期間交渉を続けていると、連日の長時間の居座り、面談強要などの業務妨害的な嫌がらせ行為から、ちょっとしたきっかけで、重大な被害を発生させる突発的な行政対象暴力にまで発展するのです。

行政対象暴力を回避するために―初期対応の重要性―

　このような行政対象暴力を回避するには、やはり、不当要求に対して、第2章で述べたような、適切な初期対応をとることが重要です。

　ハードクレーマーは、精神的な不満を抱えていることから、職員のいわゆる「お役所的な対応」を契機として激高し、その後、関係が悪化して行政対象暴力に発展する、ということが多いのです。

　したがって、最初に窓口で苦情を受付ける際には、ある程度相手の話を聴いて、ハードクレーマーの怒りの本質を、把握する必要があります。そして、相手の怒りの感情に対しては、「お気持ちは、よくわかります」などと、理解を示すことが大事です。

　また、相手の知識・理解力に応じた説明・説得を心がけるようにします。専門的な行政用語を使っての説明・説得は、極力避けるべきです。早く交渉を打切りたいとの心情から、相手がよくわからない概念や用語、ロジックを使って交渉を手短に終わらせようとすると、却って反発を受けます。(第2章「適切な初期対応①」参照)

　そして、説明・説得をするにあたっては、自分たちの合理性、たとえば、法令の規定などをいきなり持ち出すのではなく、相手の主張の合理性にも配慮を示す必要があります。ハードクレーマーの主張は往々にして非論理的で自己中心的ですが、全く理由がないというものでもないのです。「おっしゃることは私も理解できるのですが、…」などと、相手の主張も理解できるという姿勢を見せること、すなわち、相手の主張を一刀両断にしない、ということが肝要です。(第2章「適切な初期対応②」参照)

　このような初期対応を心がけることによって、できるだけハードクレーマーを、行政対象暴力行為者にしない(行政対象暴力行為者のスイッチを入れない)ことが重要です。

不当要求行為に対しては、速やかに法的対応に切り替える

しかし、このようにどんなに適切な初期対応を心がけても、不当要求や行政対象暴力を行う人は、どうしても出てきます。初期対応を万全にしても、不当要求や行政対象暴力を、完全に防ぐことは難しいのです。

ハードクレーマーに対しては、いつまでも一般市民に対するような対応を続けてはいけません。そのような対応をいつまでも続ければ、交渉は必ず長期化します。そして、交渉が長期化することで、相手の不満は蓄積され、職員に対する重大な暴力行為に発展することになるのです。

通常の市民対応ではなく、法的対応をとらなければならないのです。

ハードクレーマーに対する法的対応とは

ここでいう法的対応とは、第2章で指摘したとおり、「ハードクレーマーの言動を、業務妨害行為と評価し、それを回避するための必要な措置を、躊躇なく取ること」です。

具体的に言えば、職員が適切な初期対応をし、説明を尽くしているのに、納得できないとして、毎日のように長電話をかけてくる、あるいは、来庁して窓口に長時間居座って帰ろうとしないというような場合、これ以上は事務に支障をきたすとして、電話を切る、あるいは、退去させるということになります。

一般人による不当要求行為の特徴として、執拗で長期にわたるということを指摘しましたが、その原因の一つとして、明らかに不当要求となっているのにもかかわらず、職員が「一般市民からの要望だから、窓口をシャットアウトしてはいけないのではないか」という考えにとらわれ、いつまでも交渉を継続してしまう自治体側の窓口対応にもあるのです。

客観的に見れば、そのような状況はハードクレーマーからの業務妨害行為を甘受している、ということに他なりません。

　業務妨害行為を受ければ、それを回避する措置をとるのは当然のことなのです。業務妨害行為を回避する措置とは、彼らからの迷惑電話を切る、居座りには退去を促すということであり、端的に言えば、ハードクレーマーとの交渉を、打ち切るということです。

　不当要求対策、行政対象暴力対策の核心は、彼らとの交渉を長期化させないことにあるのです。

　これも既に述べたように、「交渉を打ち切ると、嫌がらせがエスカレートするのではないか」とか、「もう数ヶ月も交渉してきたのだから、向こうもあきらめるだろう」というような思惑で判断してはいけません。このような思惑で判断すると、往々にして交渉を打ち切ることができずに、交渉が長期化し、その果てに行政対象暴力に至ってしまうのです。

行政対象暴力を回避するための法的対応への移行

　法的対応への移行の手順を具体的に述べると、次のとおりとなります。

法的対応への移行手順①　交渉が堂々巡りとなった時がポイント

　まず、交渉が明らかに堂々巡りとなっている、と感じた時がポイントです。ハードクレーマーとの交渉は、ほとんどの場合、堂々巡りの平行線となります。

法的対応への移行手順②　最後の説明・説得を試み、組織としての最終回答を宣告

　そして、ここで、最後の説明・説得を試み、それでも不当要求を繰り返すのであれば、以後の交渉をうち切り、要求を受け入れることができないことを、組織としての最終回答としてハードクレーマーに宣告します。

法的対応への移行手順③　回答書を書面で通知し、明確化する

　次に、それでも執拗に不当要求が継続するようであれば、回答書として書

面で通知します。組織としての最終回答であることを明確化するためです。

法的対応への移行手順④　対応窓口を弁護士等に移管する旨の文書を送付する

　そして、職員に対する誹謗中傷・脅迫、居座り行為など、具体的な業務妨害行為がある場合は、対応窓口を弁護士に移管する旨の文書を郵送するのです。

　開かれた行政あるいは顧客主義的な行政サービスという意識が浸透した今日の自治体職員は、ハードクレーマーに対しても顧客主義的な対応を心がけようとする意識が強く、客観的な判断や毅然とした対応をとることを控えがちです。そこで、外部の専門家である弁護士の助言を受けたうえで、事案によってはその対応を委ねることも必要なのです。

暴力的行為には直ちに毅然と対応

　脅迫、面談や謝罪の強要、机を叩く、胸倉をつかむなどの加害行為には、110番通報、刑事告訴で対応し、このような手続をとることを躊躇しないことが重要です。

　比較的軽微な暴力行為でも、見逃してはいけません。これらを黙認することで、暴力行為が常態化し、やがて、突発的に重大な暴力行為に発展するからです。

　早期に、警察などの強制的な権力を直ちに介在させ、彼らを刑事手続に封じ込めることが有効です。

交渉過程・対応内容を記録する

　なお、暴力行為があった場合は、交渉の過程を記録化し、録音などの証拠を残しておくことも必要です。

　交渉の記録や録音がなければ、たとえば、脅迫で刑事告訴をしようとしても客観的な証拠がないとして、警察が告訴を受理しようとしない、ということになりがちです。また脅迫的な交渉になりそうな場合などでも、後の刑事手続を想定・踏まえて、早い時点から録音するなど、記録化は重要です。

　また、同じハードクレーマーが、かつてどのような行為をしていたかが分かる記録が残っていなければ、担当者が異動により変わった場合、一からの対応となってしまいます。

　一連の記録を残しておくことで、第 6 章で述べるような不当要求対応マニュアルの事例の作成・更新や職員研修での行政対象暴力の事例検討会で、有効に使用したりすることもできるのです。

行政対象暴力に対する組織的対応

　以上で述べたことは、個々の部署ないし職員において実行可能な準備しておくべき対策ですが、より根本的な対策として、自治体における組織的対応が、重要かつ不可欠です。

　まず、行政対象暴力が発生したときに、速やかに適切な対応をしてもらえるように、所轄の警察署との連携を強化しておくべきです。

　重篤な被害を回避するためには、軽微な暴力的行為のうちに適切に警察権力を介在させることが有効です。そのためには、日ごろから不当要求行為に関して、こまめに警察に相談して関係を築き、現状を理解してもらっておくことが必要です。

緊急対応フローを職員に周知する

　そして、不当要求対応マニュアルなどに、行政対象暴力が発生した際の対応フローを定め、職員に周知しておくことが必要です。

　例えば、以下のように定めます。

緊急対応フロー①　脅迫まがいの言動があった場合

　「お前の住所なんか、簡単に調べることができるからな」などと言われた場合、「どういう意味でしょうか」と問いただして会話を中断し、「再度、このような脅迫的な発言をされた場合は、交渉を終了し、お引き取りいただきますので、ご注意ください」と警告する。

緊急対応フロー②　暴行、器物損壊に移行し得る暴力的行為がなされた場合

　机をたたく、椅子を蹴るなどの行為があった場合も、交渉を中止し、「暴力的な行為をされるのであれば、平穏な交渉は不可能ですので、お引き取りください」と交渉の中止と、退去を求める。

　このような場面を目撃した他の職員は、周りを取り囲むようにして、暴力行為がエスカレートしないようにするとともに、暴行が行われたり、器物損壊行為があった場合は、警察への通報の準備をする。

緊急対応フロー③　暴行、器物損壊が実際に行われた場合

　職員の胸倉をつかむ、殴るなどの暴行が行われたり、ドアを蹴飛ばしてガラスを割るなどの器物損壊行為が行われた場合は、速やかに警察に通報し、職員が周りを取り囲む、背後から抱え込むなど相手を制して、警察官の到着を待つ。現行犯逮捕は誰でもできるので（刑事訴訟法213条）、相手を抑え込む程度の実力行使は許される。

緊急対応フロー④　刃物が持ち出されたり、発火物の所持を目撃した場合

　このような場合、職員のみならず来庁者にも、重篤な被害が発生する恐れがあるので、直ちに110番通報するとともに、来庁者、職員に危険を知らせ、できるだけ遠くに避難させる。そして、庁舎に備え付けの刺股（さすまた）や盾（たて）を使用し、警察官到着まで相手をけん制する（取り押さえるのを目的とせず、来庁者と職員の安全を確保することを目的とする）。ただし、相手が揮発物等に着火した場合は、直ちに全員避難する。

危機対応訓練（ナイフ・放火）の実施

　そして、マニュアルに緊急対応フローを定めておくだけではなく、実際に体を動かす対応訓練をしておくべきです。

　言葉として理解しているだけでは、現実の暴力行為が発生した場合に、頭が真っ白になって、体が動かないということがあり得ます。

　そこで凶器に備えた訓練として、職員が、行政対象暴力行為者役と対応職員役とに分かれ、実際に刺股や盾を使用して、体を動かす等の対応訓練を行います。このような訓練は、凶器や発火物に対する対処となりますので、専門的な経験・知識が必要となります。警察や消防に協力を依頼するのがよいでしょう。

　また特に、2019年7月に発生した京都アニメーションに対する放火事件のように、ガソリンなどを用いて、多くの人がいる建造物での放火行為は、多数の死傷者を発生させるような極めて悲惨な被害に至る可能性があります。

　そのため、ナイフなどの凶器に備えた訓練のほか、放火に対応する訓練も、別途、行っておく必要があると思います。

　ちなみに、中野区では、職員はまず宝塚市で発生した放火事件の検証DVDを視聴し、その後に、対応訓練を行っているそうであり、同区の訓練は、非常に現実感、臨場感を伴った実効性の高い訓練になっているかと思われます。

　現在、東京、横浜、埼玉、千葉などの裁判所では、来庁者の手荷物検査を実施していますが、自治体で来庁者の手荷物検査をしているところはないと思います。自治体の庁舎内で、職員や来庁者が刃物や放火による被害にあう頻度や可能性は、裁判所に比して低いわけではないと思いますが、「市民に開かれた自治体」の理念に反するという理由によるのでしょう。

　しかし、そうであるからこそ、凶器や放火に備えた危機対応訓練が必要なのです。

（参考）

知っておくべき刑罰法規

最後に、不当要求行為や行政対象暴力を抑止するために、知っておくべき
刑罰法規を、挙げておきます。

知っておくべき刑罰法規①　**公務執行妨害及び職務強要（刑法第95条）**

　公務員が職務を執行するに当たり、これに対して暴行又は脅迫を加えた者は、3
年以下の懲役若しくは禁錮又は50万円以下の罰金に処する。
　2　公務員に、ある処分をさせ、若しくはさせないため、又はその職を辞させる
ために、暴行又は脅迫を加えた者も、前項と同様とする。

　東京都の某区において、職員に対し、「目玉をくりぬくぞ」と脅して土下座をさせ
た男が、公務執行妨害で逮捕されたことが報道されています。

知っておくべき刑罰法規②　**現住建造物放火（刑法第108条）**

　放火して、現に人が住居に使用し又は現に人がいる建造物（中略）を焼損した者
は、死刑又は無期若しくは5年以上の懲役に処する。

未遂罪（刑法第112条）
　第108条（中略）の未遂は、罰する。

予備罪（刑法第113条）
　第108条（中略）の罪を犯す目的で、その予備をした者は、2年以下の懲役に処す
る。（後略）

　庁舎内に火炎瓶を投げつけたり、ガソリンをまいて火をつけたりした場合に成立
するもので、死刑や無期懲役が処せられる場合もあり、非常に重い刑罰となってい
ます。
　未遂や予備も処罰されますので、庁舎に火をつける目的で火炎瓶やガソリンを持
ち込めば、火をつけなくとも、現住建造物放火の予備罪が成立します。

知っておくべき刑罰法規③　不退去（刑法第130条）

正当な理由がないのに、（中略）要求を受けたにもかかわらずこれらの場所（建造物等）から退去しなかった者は、3年以下の懲役又は10万円以下の罰金に処する。

必要な説明・説得が尽くされているにもかかわらず、納得できないとして窓口に居座り、退去の要請を受けても退去しようとしないハードクレーマーに適用できる罰条です。

一般的には、ある程度の時間的間隔をあけて複数回退去の勧告をしたうえ、退去命令が発令されたにもかかわらず、退去しない場合には不退去罪が成立すると考えてよいでしょう。

知っておくべき刑罰法規④　傷害（刑法第204条）

人の身体を傷害した者は、15年以下の懲役又は50万円以下の罰金に処する。

知っておくべき刑罰法規⑤　暴行（刑法第208条）

暴行を加えた者が人を傷害するに至らなかったときは、2年以下の懲役若しくは30万円以下の罰金又は拘留若しくは科料に処する。

ハードクレーマーが職員に暴力を振るい、受傷させた場合が傷害罪、受傷に至らない場合が暴行罪となります。

たとえば胸倉をつかむ、手で小突く等の行為は、暴行罪が成立します。

知っておくべき刑罰法規⑥　脅迫（刑法第222条）

生命、身体、自由、名誉又は財産に対し害を加える旨を告知して人を脅迫した者は、2年以下の懲役又は30万円以下の罰金に処する。

2　親族の生命、身体、自由、名誉又は財産に対し害を加える旨を告知して人を脅迫した者も、前項と同様とする。

　ハードクレーマーが、職員に対する脅迫行為を行うことは、よくあります。「小さい子どもがいるよな。誘拐や通り魔には気をつけろよ」というような、親族に対する黙示の脅しでも脅迫罪は成立します。

　ただし警察は、脅迫罪での刑事告訴を明白な証拠がない、などの理由でなかなか受理しない傾向があるようです。このため、脅迫的な言動がみられるハードクレーマーとの交渉は、できるだけ録音しておくべきです。

知っておくべき刑罰法規⑦　強要（刑法第223条）

　生命、身体、自由、名誉若しくは財産に対し害を加える旨を告知して脅迫し、又は暴行を用いて、人に義務のないことを行わせ、又は権利の行使を妨害した者は、3年以下の懲役に処する。

　2　親族の生命、身体、自由、名誉又は財産に対し害を加える旨を告知して脅迫し、人に義務のないことを行わせ、又は権利の行使を妨害した者も、前項と同様とする。

　3　前二項の罪の未遂は罰する。

　量販店の従業員が、クレーマーに土下座を強要され、そのクレーマーが、強要罪で逮捕されたことがありましたが、公務員に対してこのような行為がなされれば、公務執行妨害が成立すると同時に、強要罪も成立します。

　ただし、脅迫、暴行を手段として、土下座させたということが必要ですので、単に「土下座しろ」と要求しても、強要罪は成立しません。

　「土下座しないと、大変なことになるぞ」と脅されたり、肩をつかまれて、無理やり土下座させられようとしたような場合に、強要罪が成立します。

　また、未遂罪もありますので、土下座をしなくても脅迫や暴行によって土下座させられようとした場合は、実際に土下座をしなかった場合でも、強要未遂罪が成立します。

知っておくべき刑罰法規⑧　偽計業務妨害（刑法第233条）

　（略）偽計を用いて（中略）業務を妨害した者は、3年以下の懲役又は50万円以下の罰金に処する。

　一日に数百回にわたり電話をかけてきて、そのたびに意味不明なことを延々繰り返し、業務に支障を与えるようなハードクレーマーに適用できる罰条です。

　このような業務妨害的ないたずら電話によって、ハードクレーマーが偽計業務妨害罪で逮捕された、という新聞報道を目にすることがよくあります。

知っておくべき刑罰法規⑨　威力業務妨害（刑法第234条）

　威力を用いて人の業務を妨害した者も、前条の例による。

　威力とは「人の意思を制圧しうる影響力」であり、必ずしも、有形力の行使に限りません。「職員研修会に爆発物を仕掛けた」と電話で犯行予告をし、職員研修会を中止させたような場合も、この罰条に該当します。

知っておくべき刑罰法規⑩　公用文書毀棄（刑法第258条）

　公務所の用に供する文書又は電磁的記録を毀棄した者は、3月以上7年以下の懲役に処する。

　職員が示した役所の公文書を、ハードクレーマーが破り捨てたというような場合、この罰条に該当します。

知っておくべき刑罰法規⑪　器物損壊（刑法第261条）

　（略）他人の物を損壊し、又は傷害した者は、3年以下の懲役又は30万円以下の罰金若しくは科料に処する。

　ハードクレーマーが、出された茶碗を投げつけて割った、窓口のテーブルをけり上げて壊した、というような場合に適用されます。

　以上、不当要求行為者に適用される刑罰法規を挙げましたが、要はこのような刑罰法規に該当する暴力行為を看過せず、積極的に被害届の提出や刑事告訴を検討するということが重要です。このような暴力行為を黙認すれば、やがて重大な被害を伴う行政対象暴力にエスカレートするからです。

最近の行政対象暴力の特徴

① 行為者のほとんどが一般人である

かつては、暴力団などの反社会的勢力によって行われるという印象

最近では、傷害行為などの行政対象暴力は、ほとんどが一般人

② 窓口業務（特に税の徴収窓口）での発生が多い

・窓口に訪れる人のなかに、生活に困窮し、精神的に追い詰められている状況にある人々が存在していることが、その背景にある

③ 執拗な不当要求行為の最終手段として行われる

・行政対象暴力を行う側も、不当要求の交渉を長期間続けることで、怒りのエネルギーをためこみ、それを行政対象暴力として爆発させている
　→長期にわたる交渉の膠着が、暴力行為に飛躍する要因となる

万一、暴力が発生した際の「緊急対応フロー」

① **窓口等で、脅迫まがいの言動があった場合**

→会話を中断し、再度、同様な言動があった場合は、交渉を終了すると警告
する

② **暴行、器物損壊に移行し得るような暴力的行為がなされた場合**

→机をたたく、椅子を蹴るなどの行為があった場合、交渉を中止し、退去
を求める

→周囲の職員は周りを取り囲むようにして、暴力がエスカレートしないよ
うにする

→警察への通報の準備をする

③ **暴行、器物損壊が実際に行われた場合**

→速やかに警察に通報する

→周囲の職員は周りを取り囲む、背後から抱え込むなどして相手を制し、
警察官の到着を待つ

④ **刃物が持ち出されたり、発火物・揮発物の所持を目撃した場合**

→直ちに警察に通報する

→来庁者、職員に危険を知らせ、できるだけ遠くに避難させる

→庁舎に備え付けの刺股や盾を使用して、警察官到着まで相手をけん制
し、来庁者と職員の安全を確保する

→相手が揮発物等に着火した場合は、直ちに全員避難する

第6章　職員を守る組織的なハードクレーム対応

職員の精神的疲弊

　第2章で指摘したように、ハードクレーマーの最大の特質は、その執拗性にあります。

　ハードクレーマーは、思い込みによる事実認識の誤りや、我田引水的な論理の飛躍、独善的な価値判断に固執して、頑迷固陋に自己の主張を繰り返します。このようなハードクレーマーに対応する職員は、著しい精神的疲労を感じるわけですが、その精神的疲労の原因としては、徒労感と感情偽装があります。

精神的疲労の原因①　徒労感

　ハードクレーマーと職員との交渉を、はたから見ていると、職員は相手の理不尽な主張や要求に対して、懇切丁寧に説明・説得を繰り返しますが、相手は、また元の理不尽な主張・要求に戻るだけで、堂々巡りの交渉が繰り返されています。

　つまり、ハードクレーマーは、職員が主張・要求が通らない理由を説明しても、その理由に対して反論しようとはしないのです。

　相手が主張・要求が通らない理由に反論し、それに対し職員が再反論する、という議論であれば、議論が積み重ねられ、前に進むので、それほど精神的疲弊は感じません。しかし、いくら理由を付して説明・説得をしても、元の理不尽な主張・要求に戻るだけなので、徒労感を感じるのです。

精神的疲労の原因②　感情偽装

　そして、徒労感とともに精神的疲弊を高めるのは、感情偽装です。

　ハードクレーマーの主張・要求は、ほとんどの場合、思い違いや屁理屈、独善的な価値観に基づくもので、対応される職員の方は、内心、「そんな主張・要求は、通る訳ないでしょ」と思っています。しかし、自治体に顧客主義的行政対応が浸透した今日、住民の理不尽な主張・要求に対して、面と向かって「それは違いますよ」とはなかなか言えなくなっているのです。

　自治体などで行われている接遇研修では、常に「傾聴」の必要性が説かれています。このため職員は、理不尽な、ときに支離滅裂でさえあるハードクレーマーの主張・要求でも、傾聴し続けなければならないと考えがちです。内心では、「この人、何を考えてるんだろう」と思いながらも、表情には出さず、「ごもっともです」というような態度で、ハードクレーマーの理不尽な主張・要求を聞き続けるのです。

　このように実際には感じていない偽りの感情表現をしたり、内心を相手に気づかれないように隠すことに腐心する、このような感情偽装が精神的疲弊を高めるのです。

　感情偽装も短時間、一回限りであれば、それほどの精神的疲弊はありません。しかし、ハードクレーマーは諦めが悪いので、要求をいくら拒絶しても、延々と要求し続けるという特質を有しています。

　ですから、ハードクレーマーに対応する職員の精神的疲弊は、著しいものとなります。

　そして、これは看過できない問題なのです。

顧客主義的行政サービスとハードクレーマー

　第1章で指摘したとおり、顧客主義的行政サービスが自治体に急速に浸透し、今や、企業と同様かむしろそれ以上に、自治体はホームページ等の広報で、「開かれた市政」「住民目線の対応」を標榜し、職員も住民の納得・満足を目指した対応を行っています。

　顧客主義的行政サービスそれ自体は、大変素晴らしいことですが、ハードクレーマーに対してもそれを貫くと、ハードクレーマーにつけ込まれ、結果、交渉は長期化します。長期にわたりハードクレーマーに対応する職員の精神的疲弊は計り知れず、やがて、燃え尽き、仕事に対する意欲を失うことになります。そうなれば、住民に対するサービスも低下することになり、このようなことが果たして、真の住民のための顧客主義的行政サービスといえるのか、ということを改めて考える必要があると思います。

住民ハラスメント

　最近、民間企業ではクレーマーによる従業員に対する理不尽な言動を「カスタマーハラスメント」、すなわち顧客による従業員へのハラスメントととらえるべきである、という考えが広まってきています。そして、このようなクレーマーによるハラスメントから、従業員を守るべきであるとして、対策を講じる企業も増えてきています。

　顧客が、従業員に対してハラスメントをする場合があるという、実は誰もが知っていた、あるいは、感じていた現実を、直視し出したのです。

　「お客様は神様」という言葉がありますが、従業員にハラスメントを行うような顧客は、決して「神様」などではありません。

　自治体においても、住民が不当要求行為によって職員にハラスメントをすることがある、という現実を直視し、ハードクレーマーから職員を守るという発想が必要です。

　そして、このことがハードクレームに対する、組織的対応の第一歩になります。

管理職が対応職員へなすべき配慮

　ハードクレーマーに対応する職員のメンタルヘルスを考えるうえで、重要なのは、管理職の対応職員への配慮だと思います。

　自治体のハードクレーマー対応の研修で、受講者から、「ハードクレーマー対応に関して管理職の理解がなく、つらい思いをしているが、どうすればよいか」という質問を受けることがよくあります。

管理職がなすべき配慮① 対応職員に必要なサポートを行う

　まず、実際にハードクレーマーに相対している職員が、対応に苦慮している場合は、他の職員を応援に行かせるなど、対応を見守ったうえで、適宜、

状況に応じ必要なサポートやバックアップを行う必要があります。

管理職がなすべき配慮②　対応職員を批判せず労をねぎらう

　次に、対応が長時間に及んでしまった、喧騒状態になった等、職員がうまく対応できなかったとしても、懸命に対応した結果ならば、批判すべきではありません。そして、その日の対応が終了した時に、職員に声をかけて労をねぎらいます。

　ハードクレーム対応をする際に、職員が最もつらいのは、対応中、上司から白い目で見られたり、ハードクレーマーからやっと解放されたと思った後に、上司から批判的な意見を言われることなのです。

管理職がなすべき配慮③　対応方針を部署内で協議し、情報共有する

　そして次回、ハードクレーマーが来たときの対応を、部署内で協議し、情報や方針を共有する、ということが重要です。

　上司の理解とバックアップ、そして、部署内でハードクレーマーの情報と方針を共有することができれば、職員が一人で対応していても、「自分の対応は間違っていない」と思うことができ、安心して対応することができます。

　そうなれば、ストレスも軽減され、ミスも少なくなるでしょう。

ハードクレーム事例の（庁内）検討会の実施

　このように、ハードクレーム対応による職員の精神的疲労を軽減するには、組織内の情報と方針を共有することが重要なのですが、一つの部署だけにとどまらず、より広い範囲で、さらには自治体組織全体で情報と方針を共有することができれば、自治体職員全体のストレスの軽減につながります。

　そのために、私が自治体のハードクレーム研修などでお勧めしているのが、ハードクレーム事例検討会です。

　その自治体で発生したハードクレーム事例を、対応した担当者が発表し、

その際の実際の対応について、参加した職員が、意見を言い合うのです。

　例えば、「ここでは、こういう説明の仕方よりも、こうしたほうがよかったのでは」「もう少し、住民の要求を整理してから、対応をお断りしたほうがよかったのでは」などと議論します。これは事後の検討会ですので、この際は、批判的な意見が出てもよいと思います。

　あるいは、「自分の課では、そのような対応ができなかったので、今後、同じような対応をするようにしたい」など、賛同的な意見が出る、ということもあるでしょう。

　大事なことは、具体的な事例に即して、意見を言い合うということです。「そもそも自治体職員は、住民の不満を傾聴しなければならない」というような一般論を言っても、意味がありません。

　具体的な事例を基に、職員同士が意見を言い合うことで、ハードクレーマー対応に関する組織としての意識が、職員全体で集約・共有されていきます。このことが重要なのです。

　そして、自身は経験していないハードクレーマー事例を、具体的に知ることで、その対応の経験・ノウハウを、職員全体で共有することができます。

　自治体でも、講師を招いてハードクレーム研修を行うことが多くなりましたが、講師の話を聞くだけではなく、自治体内のハードクレーム事例の検討会を取り入れると、各職員が経験した事例を発表したり、具体的な対応について意見を言い合う経験をすることによって、組織全体の意識改革となっていくのではないかと思います。

ハードクレーム対応研修について

　以前は、自治体でのクレーム研修というと、いわゆる接遇研修的なものが多かったと思います。しかし、ハードクレーマーによって自治体の事務に支障が生じたり、職員の精神的な負担が看過できないものとなってきたことから、最近は、ハードクレーム対応をテーマとした研修が、増えてきているように思います。

　ハードクレーム対応の研修で、欠かすことができない内容が、具体的な事例の検討です。講師から、一般的、抽象的に「ハードクレームには、毅然とした対応をすべきである」などと言われても、職場に戻って、ハードクレーマーに遭遇した際に、「実際に、どう対応すればいいのか」ということになるからです。

研修におけるロールプレイの有効性

　このことから、私は、自治体でハードクレーマー対応の研修をする場合、できるだけ、ロールプレイを実施するようにしています。

　ロールプレイというのは、具体的な事案・状況を設定したうえで、ハードクレーマー役と対応する職員役に分かれて、アドリブでやり取りをするというものです。

　ハードクレーマー役は、私がすることが多いのですが、東京都中野区の研修では、職員の方にもクレーマー役をやっていただいています。

　実際にやってみると、ロールプレイだとはわかっていても、なかなか言葉が出てこないことがわかります。中には、頭が真っ白になって、何も答えられなくなる職員の方もいます。しかし、この経験が重要なのです。ロールプレイですらそうなのですから、実際にハードクレーマーの対応を行うと、自分が考えているような対応が、そう簡単にはできないことがよくわかります。

　そして、職員役をやっている職員だけでなく、そのやり取りを見ている職員も、「自分だったら、何と言って対応するかな」などと、自身をその場においてみることが、非常に参考になるのです。

　さらにクレーマー役をやってみると、無理難題な要求を同僚の職員にしているうちに、不思議とクレーマーの心情がわかってくるようになります。自分がハードクレーマーになりきって、彼らがよく言うセリフを言ってみると、彼らの執拗な不当要求行為の真の目的が、怒りの留飲を下げることだったり、有能感の確認であることが実感としてわかるのです。

またロールプレイの後、研修の最後に、想定問答が記載されたプリントを配布して、ハードクレーマーとの交渉を収束させる会話のイメージを、つかんでもらえるようにしています。

ハードクレーム対応マニュアルの作成

自治体の組織的なハードクレーム対策として、最も重要なものは「ハードクレーム対応マニュアル」の作成です。

「行政対象暴力対応マニュアル」は、ほとんどの自治体で作成されていると思いますが、これまでで指摘したとおり、近年の一般市民による不当要求行為は、暴力や脅迫を手段として違法な要求をするのではなく、独善的な主張を繰り返し、要求を認めさせようとして、延々と電話をかけ続けたり、長時間窓口に居座り続けるといった、社会的相当性を逸脱するような執拗な要求行為によって、自治体の事務に著しい支障をもたらし、対応する職員を精神的に疲弊させてしまうというものです。

したがって、かつての行政対象暴力とは、質的にまったく異なりますので、行政対象暴力対応マニュアルとは別に、作成すべきでしょう。

マニュアルを作成する意味について

マニュアルを作成する際に、考えておかなければならないことは、どうしてマニュアルを作るのか、というその意味です。

マニュアル作成の意味①　職員に不当要求行為に対する自治体の考え方を示す

まず、職員に対し、不当要求行為に対する自治体としての考え方を示すということです。

住民からの要求・クレームの中には、社会的相当性を逸脱するもの（不当

要求行為）があり、それらによって事務に支障を来し、職員が精神的に疲弊しているという事実と、それらに対しては、原則的な顧客主義的行政対応とは異なる対応が必要である、という認識・考え方を提示するのです。

このような不当要求行為に対する自治体の認識・考え方については、巻頭の「はじめに」に記載します。

マニュアル作成の意味②　職員が実際に行動できるよう、方針や対応を文書化する

次に、職員が不当要求行為に対し、毅然と適切な対応をするためには、個々の職員の経験・スキルに頼るだけでは不十分であり、文書化された手引きが必要だということです。

「ハードクレーマーに対しては、顧客主義的行政対応ではなく、毅然とした対応が必要」というだけでは、実際の場面で、どのような方針で、どのように対応すればよいのか、わかりません。この「実際の場面での職員の逡巡」を回避するために、方針や対応を文書化したマニュアルが必要なのです。

たとえば、「ハードクレーマーの居座り行為に対しては、退去要請をして、退去させる。退去要請に従わない場合は、警察に通報する。」と言われても、具体的にその手順が、文章で明確に記載されたものがないと、現実には行動できないのです。

ハードクレーム対応マニュアルの内容

そして、実際の場面における判断、対応の拠り所としてのマニュアルですので、一般的な行動原則を記載するだけではなく、具体的なハードクレーム事例を内容の前提としたものとすべきです。

その際に、当該自治体で実際に発生したハードクレーム事例を基にした「事例検討」を設けるべきです。神戸市で作成されている「不当要求行為を防ぐために　不当要求・クレーム対応マニュアル」や中野区で作成されてい

る「ハードクレーム・不当要求行為対応マニュアル」では、「過去の事例検証」「事例集」として具体的な事例を記載して、各事例における対応の問題点やポイントを示しています。

　さらに、可能であれば、具体的な場面におけるトークスクリプトや事例全体の想定問答を掲載しておくと、非常に役立ちます。場面ごとのトークスクリプトというのは、例えば、

　　　住民「お前じゃ話にならん。上司を出せ」
　　　職員「この件については、私が担当者ですので、私がお話をお伺いしたうえで、上司に報告いたします」

といったものです。切り返しのトークの参考として役立ちます。神戸市や中野区のマニュアルには、場面ごとのトークスクリプトが記載されています。

　しかし、できれば、本書第4章の想定問答のように事例全体のトークスクリプトまで記載されているのがよいと思います。どうしてかというと、当該事例の交渉打ち切り、すなわち、クローズまでの経過をイメージすることができるからです。

　必ずしも想定問答のように、短時間で収束するわけではありませんが、この「クローズまでのイメージ」があるのとないのとでは、実際の交渉におけるストレスに、かなり差がでてきます。

　そして、このようなトークスクリプトや想定問答を利用する際の注意ですが、決して、記載されている内容を覚えて（暗記して）、そのまま話そうとしてはいけないということです。覚えて話そうとすると、実際の場面では、書いてあったことを思い出そうとして、頭が真っ白になって何も言えなくなったり、不自然な言い方になってしまうからです。

　ですから、マニュアルのトークスクリプトなり想定問答を読んで、「大体こういうことを、言えばいいんだな」というイメージを頭に入れたうえで、自分なりの言いやすい言葉で言ってみるのです。そうすると自然な形で、うまく言うことができます。

　マニュアルでは、上記のほかに、ハードクレーム対応に関して、よく問題となる事項について、記載をしておきます。

　例えば、①ハードクレーマーとの交渉の録音の可否

②ハードクレーマーが、交渉を録音・撮影しようとした場合の対応

③ネット上に職員に対する誹謗中傷が行われた場合の対応

④念書を書かされてしまった場合の対応

⑤障害者差別解消法に違反するとの主張、障害者に対する必要かつ合理的配慮を要求された場合の対応

⑥退去要請から退去命令、警察への通報の手順

⑦暴力行為が発生した場合の対応

⑧ナイフなどの凶器、放火に対する対応

等です。

　このようなハードクレーム対応マニュアルの作成に際しては、マニュアルを公開している自治体や、マニュアル作成を検討している他の自治体の要請に応じて、マニュアルの提供をしている自治体も多いので、それらの自治体のマニュアルを参考にして作成する、あるいは、既存のマニュアルを最新のものに改訂していくのがよいと思います。

不当要求行為に対応する条例・要綱の必要性

　そして、自治体における組織的なハードクレーム対応で、最終的に必要となるものは、不当要求行為に対応する条例または要綱であると思います。

　不当要求行為とは何かという定義に始まり、不当要求行為に対して職員はどのように対応すべきか、不当要求行為が行われた場合の情報の集約、集約部署から担当部署への助言・指示などのフィードバックなど、これらすべてに関しての法的根拠となるべき条例、要綱は、組織的なハードクレーム対応に、どうしても必要であると思います。

　神戸市や中野区は、それぞれ、「神戸市政の透明化の推進及び公正な職務執行の確保に関する条例」、「中野区職員倫理条例」で不当要求行為を定義し、不当要求対応に関する法的根拠を整備しています。

　神戸市や中野区の他にも、条例または要綱などで、不当要求対応に関する

規定を設ける自治体が増えつつありますが、いまだ過半を占めるには至っていないと思います（例えば東京都23区では、不当要求行為を定義している区は、中野区を含め、平成29年6月の時点で7つの区にとどまっています）。

　民間企業と同様に、自治体もハードクレーマーから職員を守る、という発想を取り入れていくべきであり、今後、自治体における不当要求対策の必要性は高まっていくと思われますので、各自治体の所管部署において検討がなされ、条例・要綱の整備がすすんでいくことが期待されます。

外部弁護士との連携の必要性

　最後に、ハードクレーム対応に際し、自治体と弁護士との連携、特に外部弁護士との連携を、確立していく必要があると思います。

　職員がハードクレーマーと対応するうえで、限界となるのが「当事者性」です。つまり、どうしても住民とそれに対応する自治体の職員という枠から、離れることはできないということです。

　例えば、ハードクレーマーから執拗に不当要求を受けて、事務に支障が出てきたような場合、果たしてここで交渉を打ち切ってよいのか、住民からの要望をシャットアウトしてよいのか、と実際に多くの場合、逡巡するかと思います。このようなとき、行政組織の外から当事者ではなく、第三者的、客観的に判断し、アドバイスできる弁護士に相談ができれば、自信をもって交渉を打ち切ることができますし、職員のストレスも軽減されると思います。

　各自治体には顧問弁護士がいるでしょうし、最近は、自治体に任期付きで勤務する弁護士も増えてきています。しかし、様々な部署に所属している職員が、自治体の顧問弁護士や勤務弁護士に、ハードクレーム対応に関して、その都度相談できるとは限らないと思われます。また、ハードクレーム対応が、顧問弁護士や勤務弁護士の取扱い分野ではない、あるいは、経験に乏しいという場合もあります。

　各自治体の所在する弁護士会等で、クレーム対応、不当要求対応を取り扱っている弁護士（クレーム対応を取扱い分野とする弁護士は増えていま

す）を紹介してもらうなどして、都度、相談に対応してもらえる弁護士を見つけ、外部弁護士との相談ルートを確立しておくのがよいと思います。

弁護士を不当要求行為者対応の窓口とする

そして、相談だけではなく、事務に支障を及ぼすハードクレーマーとの交渉を打ち切る際に（以後の交渉窓口を弁護士とする手段をとる場合に）、その弁護士に依頼することもできます。

ハードクレーマーは、自分の主張や要求が法的には通らないものであるということは、実はわかっているのです。法的に通らないからこそ、顧客主義的行政サービスを提供している自治体職員に対して、「住民の要望を受けれるのが、お前らの仕事だ」などと言って、自分の主張や要求を、聞かせ続けるのです。

しかし、自治体職員ではない、自治体の外にいる弁護士にこの論法は通用しません。「あなたの要求は、まったく通りませんよ」ということになります。このため、弁護士が不当要求行為者の対応窓口になると、不当要求が極端に減少するのです。

実際に、私も自治体からの要請を受けて、不当要求行為者対応の窓口となっていますし、神戸市でもマニュアルのなかに、交渉の依頼を受けた弁護士からの「通知書」の記載例が掲載されていますので、実際に弁護士を交渉窓口としているものと思われます。

このようにハードクレーマーの対応窓口を、弁護士に依頼するという手段は非常に有効なのですが、問題点が2点ほどあります。

不当要求対応窓口を外部の弁護士に依頼してよいのか

まず、住民からの苦情・要望を受けるのは自治体の事務であるのに、これを外部の弁護士に依頼してもよいのか、という疑問です。

　確かに、住民の苦情や要望は自治体の職員が受けるべきであり、これを弁護士が受けるということは、法的な問題は別にしても、疑問に感じる人はいるかもしれません。

　しかし、弁護士が交渉窓口となるのは、既に自治体が事務に支障をきたしていることを理由に、その問題についての交渉を、打ち切っている場合なのです。したがって、自治体としての対応義務はすでに尽くしているのであって、自治体が対応を拒絶した後の交渉窓口を弁護士に依頼することは、まったく問題がないものと思われます。

　ただし、第3章で指摘したとおり、当該ハードクレーマーに対し、一般的・包括的に交渉を拒絶して、その窓口を弁護士に委任するのは適切ではありません。当該案件に限って交渉を拒絶し、その件についての異議、質問等の問い合わせ窓口を弁護士とする、とすべきです。

弁護士に対する費用の支払いはどうするのか

　次に、外部弁護士に依頼する場合、弁護士に対する費用をどのように支出するのか、ということが問題となります。

　実際問題として、多くの自治体では、外部の弁護士に依頼した経験に乏しいため、どのような手続で弁護士費用を支払っていいのかわからないということで、弁護士への依頼を躊躇することがあります。

　一般的には、自治体の委託契約手続規程に従い、弁護士との間で弁護士委任契約を締結して、委任契約の中で弁護士費用に関する条項を定めます。

　弁護士費用については、年度単位で包括して金額を定めるか、単価契約、すなわち、タイムチャージ金額を決め、弁護士から履行報告を受けたうえで請求してもらい、支払いをするということになろうかと思います。

　いずれにしても、外部弁護士に依頼した経験がない自治体でも、一度経験すれば、事後は同様の手続で契約、支払い手続をすればよいのですから、弁護士と相談しながら、このような依頼の手順を確立するのがよいと思います。

ハードクレーム事例（庁内）検討会

事例（庁内）検討会とは…

①その自治体で発生したハードクレーム事例を、対応した担当者自身が発表する

②その際の実際の対応について、参加した職員が、具体的な事例に即して、意見（批判的意見、賛同的意見等）を言い合う

その効果として…

・ハードクレーマー対応に関する組織としての意識が、職員全体で集約・共有される
・自分自身が経験していない事例を、具体的に知ることで、その対応の経験・ノウハウを、職員全体で共有できる

組織全体の意識改革となっていく

ロールプレイの有効性

ロールプレイとは…

・具体的な事案・状況を設定したうえで、「ハードクレーマー役」と「対応する職員役」に分かれ、アドリブでやり取りをする

その効果として…

①やってみると、ロールプレイだとはわかっていても、なかなか言葉が出てこない、ことがわかる
②実際のハードクレーマーの対応となると、自分が考えているような対応が、そう簡単には、できないことがわかる
③他の職員のやりとりを見ながら、自身をその場においてみることも、非常に参考になる
④さらに「クレーマー役」をやると、無理難題な要求を実際にしているうちに、不思議とクレーマーの心情がわかってくるようになり、心理が実感としてわかる
⑤ハードクレーマーとの交渉を収束させる会話のイメージをつかむことができる

おわりに

　自治体の外部にいる弁護士として、自治体からの不当要求対応に関する相談を受けて、まず感じることは、一人のハードクレーマーの存在によって、自治体の組織の一部が、機能不全に陥っていることが珍しくないということです。「開かれた行政」「住民目線の行政サービス」の名のもとに、このような状態を甘受していることが、広く公平に住民サービスを提供すべき存在である自治体として、正しい在り方であるとは思えません。

　次に、ハードクレーム対応にあたる自治体職員の方々の苦労が、民間企業に比しても相当高く、このことが広く認識されていないのではないか、ということです。

　不当要求対応に関して、具体的な事実を踏まえず、一般論で「自治体職員は、根気よく住民からの要望を受け止めるべきだ」とする識者の意見を目にすると、自治体における不当要求の現実をもう少し、広く世間に伝えるべきだと思います。

　最後に、「傾聴」という言葉が強調されすぎていることが、実際のクレーム対応の現場において、ハードクレーマーの理不尽な主張・要求を、職員が聞き続ける要因となっているような気がします。「傾聴」は、要望や苦情を申し述べる人の不満や怒りの本質を把握するための「傾聴」であって、ハードクレーマーの理不尽な主張や要求を、披瀝し続けさせるためのものではないと思います。

　「傾聴」の本質は、交渉相手に対する敬意・尊重にあると思いますが、理不尽な主張や要求を聞き続けることは、決して交渉相手に対する敬意・尊重ではありません。理不尽な主張・要求であるなら、「それは、ちょっと通らないと思いますよ」と率直に答えるのが、交渉相手に対する本当の敬意・尊重であると思います。

　本書が、自治体職員の方々のハードクレーム対応の、ささやかな拠り所になることを願っています。

資料　覚えておくと便利なセリフ18選

覚えておくと便利なセリフ18選

①「前任の担当者を呼べ」と言われた場合

申し訳ありませんが、異動となった職員をここに呼ぶことはできません。私が現在の担当者ですので、まずは私が対応させていただきます。

→前任者を呼んでも、言った言わないの論争になり、解決になりません。まず、「住民の主たる訴えは何か」を、現在の担当者として把握しましょう。

②「○○になったらどうすんだ！」と仮定の話を言われた場合

申し訳ありませんが、「もし何々だったら」というような仮定のご質問にお答えするのは、控えさせていただきます。

→こちらの説明に対して、「もし何々だったら…どうするんだ」というような仮定の事態を前提にした反論をされた場合は、安易に回答しないようにしましょう。

③「前の担当者はできるっていってたぞ！」と言われた場合

説明がうまく伝わらなかったようで、誤解させてしまい申し訳ありません。

→コミュニケーションギャップの結果で、相手に不快な思いをさせたことについての謝罪にとどめましょう。

④「責任者をだせ」と言われた場合

私が担当者ですので、私がお話を伺って、上司に報告いたします。

→事情を聴取するまでは、安易に上司にエスカレーションしないようにしましょう。

⑤「あんたと責任者でうちに謝罪に来い」と言われた場合

混乱、行き違いのもとともなりかねませんので、私の方で事実確認をさせていただいたうえで、こちらからご連絡させていただきます。

→即時の謝罪要求に応ずる必要性は客観的に存在しませんので、応じる必要はありません。

⑥「○○を辞めさせろ」などと言われた場合

事実関係を把握しておりませんので、誠に申し訳ございませんが、お返事は致しかねます。

→ハードクレーマーの主張のみで、何らかの回答をすることは絶対に避けましょう。

⑦「刑事告訴してやる」と言われた場合

非常にお怒りであることはわかりました。○○されるのは、××さんのご判断なので、それについては何とも申し上げられません。

→刑事告訴や訴訟提起などの発言をされた場合、そのことに対して過剰に反応しないようにしましょう。

⑧「録音・録画するからな」と言われた場合

庁舎内で撮影、録音をされますと、課内の資料、来庁者の声などが撮影、録音される可能性があるためプライバシー、個人情報の保護などの観点などから、撮影、録音はお断りしております。

→無許可録音・撮影行為は、来庁する他の住民のプライバシーや肖像権を侵害し、庁舎管理に重大な支障をもたらすので、断りましょう。

⑨「名刺を出せ」と言われた場合

私以外の方に使用されてしまう可能性がありますので、みだりに名刺をお渡しすることは控えさせていただいております。

→公務員である職員が大量の名刺を不特定多数の人に交付すると、官職を騙られる等、悪用される恐れあるので、名刺を求められても渡す必要はありません。

⑩しつこく「○○しろ」と言ってくる場合

申し訳ないですけれども、調査の結果、○○という事実が判明しております。事実関係がご主張とは異なりますので、ご希望に沿うことはいたしかねます。

→ハードクレーマーの主張一つ一つについて、間違いや無関係であることを指摘せず、彼らの要求が通らない本質的な理由だけを指摘しましょう。

⑪規則で定める身分証明書でないものを提示して、証明書の発行を要求された場合

規則で定められている公的な身分証明書ではない、会員証など様々なもので、職員が個別に本人確認を行えば、会員証の偽造などによって、本人以外の申請で証明書発行をしてしまうなど、ご本人に重大な損害を発生させてしまう可能性がありますので、ご理解ください。

→規則の趣旨を簡潔に説明してお断りします。

⑫障害者差別解消法に違反すると主張された場合

私どもも、障害に応じたできうる限りの配慮をさせていただこうとしておりますが、施設管理上また職員の労働時間の問題などから一定の制約がございます。そのような制約の中で、昨日は、閉庁時間を大幅に過ぎて、ご説明の対応をさせていただきましたので、障害者差別解消法に反する対応であったとは考えておりません。

→理由を付したうえ、障害者差別解消法に違反しているとは考えていない、と率直に回答します。

⑬近隣住民に、騒音を出さないように指導しろと要求された場合

騒音に対する感受性は人によって差がありますが、通常の方が社会共同生活において甘受すべき、いわゆる受忍限度を超える騒音には、至っていないと思われます。

→いわゆる受忍限度について簡単に説明したうえ、受忍限度を超える騒音ではな

いことを理由に、要求をお断りします。

⑭「市長の謝罪文を出せ」と言われた場合

職員の説明不足につきましては、既に先ほどから謝罪させていただいておりますので、市長が謝罪文を書くことはできません。

→すでに相応の謝罪をしている場合には、社会通念を超えた過剰な謝罪要求に対しては、はっきりとお断りします。

⑮職員個人が賠償請求を受けた場合

市の職務遂行として行っておりますので、職員個人が賠償することはできません。

→国家賠償法によって、公務員の不法行為は、国・自治体が賠償するものと規定されており、判例上、公務員個人が賠償するものではないとされています。

⑯滞納処分を受けた滞納者が、いきなり差し押さえをしたと抗議してきた場合

申し訳ありませんが、今回の差し押さえ前に、督促、催告の通知をお送りしておりますし、電話で、何度も納付のお願いをしておりますので、「いきなり」ということではありません。

→相手の怒りの心情を考慮し、申し訳ありませんが、と前置きしたうえで、督促、催告の通知と電話による納付のお願いがなされていることを穏やかに指摘します。

⑰滞納処分を受けた滞納者が、家族が嫌がっているのに差し押さえを強行したと抗議している場合

お気の毒ですが、同居のご家族の拒絶を理由として、捜索を中止することはできません。私どもも、住民の方々の生活にかかわる地方財政を支えるべく、必要な税金を徴収しております。その点をご理解いただき、今後は、滞納されないようお願いいたします。

　　→同居の家族の反対で差し押さえを中止することはできないことと、このような家族の混乱は滞納者が税を納付しないことによるものであることを婉曲に指摘します。

⑱犯罪行為を行った住民が不起訴処分で釈放され、行為時に警察に通報した職員に、謝罪しろと要求した場合

適正な110番通報だと思っておりますので、謝罪はいたしかねます。

　　→暴力行為が行われたのが事実であれば、警察への通報は適正であり、毅然と謝罪は断ります。

《著者紹介》

横山雅文 （よこやま　まさふみ）

表参道法律事務所　弁護士
昭和38年2月9日生
中央大学法学部法律学科卒業
平成3年4月　弁護士登録
国内法律事務所の勤務弁護士を経て、
平成10年10月　表参道法律事務所設立
東京弁護士会住宅紛争処理委員
著書『プロ法律家のクレーマー対応術』（PHP研究所）
　　『事例でわかる自治体のための組織で取り組む 続ハード
　　クレーム対応―新型コロナや災害対応等の事例と職員の
　　メンタルヘルス防衛策編―』（第一法規）
　　『事例でわかる介護職員のための組織で取り組む 不当な
　　クレームの見極めと対応』（第一法規）

サービス・インフォメーション

――――― 通話無料 ―――――

①商品に関するご照会・お申込みのご依頼
　　　TEL 0120(203)694／FAX 0120(302)640
②ご住所・ご名義等各種変更のご連絡
　　　TEL 0120(203)696／FAX 0120(202)974
③請求・お支払いに関するご照会・ご要望
　　　TEL 0120(203)695／FAX 0120(202)973

●フリーダイヤル(TEL)の受付時間は、土・日・祝日を除く
　9:00～17:30です。
●FAXは24時間受け付けておりますので、あわせてご利用ください。

事例でわかる　自治体のための
組織で取り組むハードクレーム対応

2020年2月10日　初版発行
2023年5月25日　初版第5刷発行

著　者　　横山　雅文
発行者　　田中　英弥
発行所　　第一法規株式会社
　　　　　〒107-8560　東京都港区南青山2-11-17
　　　　　ホームページ　https://www.daiichihoki.co.jp/

ハードクレーム　ISBN978-4-474-06907-7　C2031　(0)